Elisabeth Raether

WOCHENMARKT

Die frischen, einfachen Rezepte aus dem

ZEIT MAGAZIN

BLOOMSBURY BERLIN

Frühling

4 Chicoréeköpfe,

4–6 sehr dünne Scheiben Parmaschinken,

125 g junger Ziegenkäse,

2 EL gehackte getrocknete Cranberrys,

etwas Butter, etwas Olivenöl,

je eine Prise Zucker, Salz und Pfeffer

(für 2 Personen)

Gebackener Chicorée mit Parmaschinken

Den regelmäßigen Lesern dieser Kolumne wird nicht entgangen sein, dass wir vom »Wochenmarkt« zwar einen gesunden Appetit haben, aber in der Küche den Aufwand scheuen: Hier werden keine Wasserbäder gemacht, es wird nicht flambiert und nicht nappiert. Man könnte das den minimalistischen Ansatz nennen, wahrscheinlich ist es aber schlicht Küchenfaulheit. Das bedeutet zum Beispiel, dass praktisch jedes Gemüse, das es gibt, bei uns einfach in den Backofen gesteckt wird, aus dem es nach kurzer Zeit in eine Schönheit verwandelt wieder hervorkommt. Das funktioniert mit Rosenkohl, mit Fenchel, mit Kürbis sowieso (mit Weißkohl werden wir es demnächst mal ausprobieren), und es funktioniert mit Chicorée.

Die Köpfe werden der Länge nach halbiert und zunächst angebraten: In einer Pfanne Butter, Olivenöl, je eine Prise Zucker und Salz heiß werden lassen. Die Chicoréeköpfe mit der Schnittfläche nach unten scharf anbraten. Dabei am besten nicht bewegen, sodass die Oberfläche braun wird (nicht schwarz). Nach 3 bis 5 Minuten den Chicorée mit der Schnittfläche nach oben auf ein mit Backpapier ausgelegtes Blech setzen. 8 bis 10 Minuten bei 190 Grad garen. Dann den Parmaschinken über den Chicorée legen und das Ganze weitere 3 Minuten backen. Vor dem Servieren etwas Pfeffer darübergeben sowie die Cranberrys, vielleicht noch mal salzen und den Ziegenkäse darüberkrümeln.

250 g Knollensellerie (geschält und fein geraspelt),

250 g Steckrübe (geschält und fein geraspelt),

4 EL Petersilie (grob gehackt),

4 EL Dill (grob gehackt),

50 g Kapern (grob gehackt),

4 EL Zitronensaft, 1 TL Apfelessig,

4 EL Olivenöl, 4 EL Sonnenblumenöl,

3 TL Senf (zum Beispiel Dijon),

2 Knoblauchzehen (zerdrückt),

2 TL Zucker,

100 g getrocknete Sauerkirschen,

etwas Salz, etwas schwarzer Pfeffer

(für 2–4 Personen)

Süßsaurer Sellerie und Steckrübe

Es kommt jetzt die Jahreszeit, in der man beginnt, jegliches Wintergemüse und seine teuren Kaschmirpullis zu hassen (um im August dann festzustellen, dass schönes Wetter allein auch nicht glücklich macht). Nur Yotam Ottolenghi, in London lebender israelischer Koch und bei jedem Wetter Optimist, gelingt es, aus dem winterlichen Wurzelgemüse Sellerie einen Rohkostsalat mit frischem Aroma zuzubereiten. Dafür bringt er alle möglichen Zutaten zusammen, die eigentlich nicht zusammenpassen. Aber Ottolenghi hat ein besonderes Verhältnis zu Gemüse, in England wurde er mit seiner Rezept-Kolumne *The New Vegetarian* im *Guardian* bekannt. Er weiß genau, was Gemüse braucht, um in voller Pracht zu erstrahlen. In seinem neuen Buch – der Titel ist schlicht *Das Kochbuch* – schreibt er, dass die Sellerieknolle offenbar Steckrübe, viel Knoblauch und getrocknete Sauerkirschen verlangt, um uns ein paar Momente lang vergessen zu lassen, dass wir in einem Land leben, in dem acht Monate im Jahr die Sonne selten scheint und Gemüse nur unter der Erde wächst.

Die Sellerie- und Rübenraspel werden in eine Schüssel gegeben. Dann fügt man die restlichen Zutaten hinzu und vermischt das Ganze gründlich mit den bloßen Händen. Yotam Ottolenghi, der, wie gesagt, eine sehr spezielle Beziehung zu Gemüse hat, nennt diesen Vorgang »massieren«. Dadurch, so lautet seine These, nimmt das Gemüse die Aromen besser an. Wer will, schmeckt den Salat am Ende mit Salz, Pfeffer, Zucker und Essig ab – eventuell braucht man etwas mehr, als in der Zutatenliste angegeben ist.

Das Ganze sollte dann etwa eine Stunde lang durchziehen, damit der Salat auch nach etwas schmeckt. Man kann den Salat auch zwei Tage im Kühlschrank aufheben und des schönen Anblicks wegen kurz vor dem Essen noch mal ein wenig von den frischen Kräutern hinzugeben.

Wer Angst vor der gewaltigen Knoblauchfahne hat, die dieses Gericht unvermeidlich beschert, soll bis zum Beginn des Frühlings lieber bei seiner Kürbissuppe bleiben.

1 mittelgroße Sellerieknolle,

1 Ei (hart gekocht, gehackt),

2 TL Kapern (gehackt),

Petersilie (klein gerupft),

Essig, Olivenöl, Senf, Salz, Pfeffer

(für 2 Personen)

Einfacher Selleriesalat

Die Selleriewurzel ist wegen ihres kräftigen Geschmacks eines der ältesten Würzmittel der Menschheit. Doch heute wirkt die runzelige Knolle manchmal etwas fremd, wie sie da im Supermarktregal zwischen den Hochglanzpaprikas und den niedlichen Babygurken liegt. Machen wir aus der Knolle eine hübsche Prinzessin. Machen wir einen Selleriesalat. Dazu braucht man nicht unbedingt Mayonnaise. Es kann auch so gehen:

Aus Essig, Olivenöl, Senf, Salz und Pfeffer rührt man sich eine Vinaigrette nach seinem Geschmack zusammen. Wenn man das mit einem kleinen Schneebesen macht, bekommt die Vinaigrette eine cremige Konsistenz. Dann wird der geschälte Sellerie in 1 bis 2 cm große Würfel geschnitten. Diese werden in Salzwasser gar gekocht, was ungefähr 10 bis 15 Minuten dauert. (Oder noch besser: Der gewürfelte Sellerie wird in einem Dampfeinsatz über kochendem Wasser gegart.) Den gekochten Sellerie aus dem Wasser nehmen, beiseitestellen und etwas abkühlen lassen. Klein gehackte Kapern zur Vinaigrette geben und das Ganze in einer Salatschüssel mit den Selleriewürfeln vermengen. Ein hart gekochtes Ei grob hacken, zum Sellerie geben. Petersilie klein rupfen und zum Schluss über den Salat streuen.

1–2 Regenbogen- oder Lachsforellen (ausgenommen, ca. 1 kg),
Rapsöl, Salz, 3 gehackte Schalotten,
1 gehackte Fenchelknolle, 3 TL Thymianblättchen,
3 TL geriebene Zitronenschale, 1 TL geriebener Meerrettich
Für das eingelegte Gemüse:
1 EL Koriandersamen, 250 ml Weißweinessig, 250 g cremiger Honig,
3 große Kartoffeln, 1 Knollensellerie, 4 Karotten,
4–5 EL Walnuss- oder Olivenöl,
1 Bund Petersilie (fein gehackt), 1 Bund Dill (fein gehackt)
Für den Kohl: 1 Spitzkohlkopf, 6 EL Salz,
1 Bund Estragon (fein gehackt), 100 ml Sahne
(für 2 Personen)

Forelle mit Spitzkohl und eingelegtem Gemüse

Das Kødbyens Fiskebar in Kopenhagen ist eines der Restaurants, die der Stadt den Ruf eingebracht haben, einen kulinarischen Ausflug wert zu sein. Die neuen Köche Dänemarks haben ironische Tattoos, sie sind engagierte Väter süßer Dänenkinder und haben aus der nordischen Küche eine der interessantesten Europas gemacht. Vom Fiskebar kommt also dieses Gericht: eine Forelle aus dem Ofen, zu der Spitzkohl und in Essig gekochtes Wurzelgemüse gegessen werden. Die Zutaten sind allesamt recht günstig, man kann also seine Freunde dazu einladen, um festzustellen, ob es interessantere Gesprächsthemen als das anhaltende Winterwetter gibt.

Die Forelle wird mit Rapsöl und Salz eingerieben und ruht 45 Minuten, bis sie Raumtemperatur hat. Schalotten und Fenchel in Rapsöl kurz dünsten, mit Thymian, Zitronenschale, Meerrettich und etwas Salz vermengen, die Mischung in den Fischbauch geben. (Das kann man sich für andere Fische merken.) In den auf 160 Grad vorgeheizten Ofen geben, 10 bis 15 Minuten garen. Koriandersamen rösten, Essig darübergießen, 1 l Wasser und Honig hineingeben. Samen aus dem Sud sieben, Karotten, Sellerie und Kartoffeln – alles in 1 cm große Würfel geschnitten – dazugeben, 10 Minuten köcheln lassen oder nach Belieben länger. Der Essig bindet die Stärke, weshalb das Gemüse am Ende noch Biss hat. Abgießen, mit Walnuss- oder Olivenöl vermengen, Petersilie, Dill und eine Prise Salz darübergeben.
Der Spitzkohl wird am Vortag vorbereitet: Die Blätter auf der Gemüsereibe reiben, mit Salz mischen, 12 Stunden lang ziehen lassen. Abwaschen und im Küchenhandtuch auswringen. Mit Sahne erwärmen. Wer noch mehr frische Kräuter braucht, gibt Estragon darüber.

3–4 Tassen Wildkräuter
(zum Beispiel Giersch, Bärlauch,
Brennnessel, Sauerampfer,
Spitzwegerich, Löwenzahn),
1 Tasse Misopaste,
1 reife Avocado,
2 TL Olivenöl, 2 TL Senf,
1 TL Currypulver,
1 TL Cayennepfeffer,
Salz und Pfeffer
(für 4 Personen)

Misosuppe mit Wildkräutern

Gehen die einen Nahrungstabus, kommen andere. Früher war es verpönt, auf der Straße zu essen, dafür hatte man kein Problem damit, Singvögel zu verspeisen (Thüringer Meisensuppe). Mit der Lockerung der Tischmanieren entstanden offenbar neue Sensibilitäten für bestimmte Tierarten. Der Ekel wendet sich immer Neuem zu, und vielen ist das schockgefrorene, sicherheitsverpackte Essen aus dem Supermarkt inzwischen unerträglich geworden. Das erklärt den Appeal von Wildkräutern. Sie werden am Wegesrand gepflückt und haben oft ein starkes, eigenwilliges Aroma: für die einen ein Schreck, für die anderen die Idee der ganzen Sache.
In vielen Städten werden Kräuterwanderungen angeboten. Félicitas Bethmann erklärt im Hamburger Stadtpark, wo man wann welche Kräuter findet und wie sie sich unterscheiden lassen. Sie macht aus Kräutern Salate und Alkoholauszüge, die gegen Kopfschmerzen und Schlafstörungen helfen (dafür sollten die Kräuter 200 bis 500 Meter von der Straße entfernt gewachsen sein).
Vom Münchner Restaurant Gratitude wiederum stammt dieses Rezept für eine Wildkräutersuppe auf Misobasis. Einige Kräuter kann man auf dem Markt kaufen, so wie Sauerampfer, Bärlauch und Löwenzahn. Andere, wie der Giersch, wachsen im Garten.

Die Wildkräuter werden mit ungefähr zwei Tassen handwarmem Wasser püriert. Dann werden die restlichen Zutaten dazugegeben und püriert. Die Mischung wird langsam erhitzt. Das Ganze sollte nicht köcheln, sondern am besten nicht heißer als 42 Grad werden, damit die Enzyme erhalten bleiben (was die Suppe anscheinend noch gesünder macht).

6 Markknochen vom Rind,
etwas Schnittlauch,
Toastbrot,
Meersalz und Pfeffer
(für 6 Personen)

Markknochen mit Schnittlauch

Zu viel Hirn ist nicht gesund, schreibt der französische Koch Stéphane Reynaud in seinem neuen Kochbuch. Das ist keine kulturpessimistische Betrachtung unserer Spaßgesellschaft, sondern ein Hinweis auf den hohen Cholesteringehalt eines Kalbshirns. Reynaud, bekannt durch hübsch gestaltete Bücher über die französische Küche, isst vom Tier alles. Kopf, Hoden, Backe, Füße, Euter, Schwanz, nichts macht ihm Angst. Ein bisschen Überwindung gehört dazu, eines der Rezepte aus dem Buch *Innereien* nachzukochen (Christian Verlag). Aber wer die Scheu ablegt, wird belohnt mit überraschenden Konsistenzen und Aromen.
In der süddeutschen Küche kennt man Markklößchen, jene aus Weißbrot, Eiern, Mehl und Rindermark gerührten Knödel, die man in einer klaren Brühe isst. Bei Reynaud wird das Knochenmark pur gegessen. Augen zu und durch. Nur der gute, alte Schnittlauch, der zu dieser Jahreszeit wieder üppig angeboten wird, hält einem dabei die Hand.

Die Knochen, die man beim Metzger seines Vertrauens für wenig Geld gekauft hat, werden 20 Minuten lang in Wasser gekocht. Dann abtropfen lassen. Schnittlauch in kleine Röllchen schneiden. Toastbrot schmeckt gut dazu, aber auch eine Brioche, ein französisches, etwas süßliches Weißbrot aus Hefeteig. Das Mark mit Meersalz (in diesem Fall besser geeignet als normales Supermarktsalz), zerstoßenem Pfeffer und Schnittlauch bestreuen, das Brot und einen kleinen Löffel zum Herauslösen dazu reichen. Das Glas Weißwein nicht vergessen.

1 großes Bund glatte Petersilie,

einige Zweige Minze,

50 g Bulgur,

1 kleine rote Zwiebel,

2 kleine Tomaten,

Zitronensaft, Olivenöl,

Salz, Pfeffer

(für 2–3 Personen)

Taboulé

Petersilie ist ein Kraut, das praktisch zu allem passt, zu jedem Fleisch, zu jedem Gemüse, zu jedem anderen Kraut. Gegen kein Aroma wehrt sich die Petersilie. Aber es ist leider so: Wenn man es jedem recht macht, wird man irgendwann übersehen. Undankbare Welt. Dabei hat vor allem glatte Petersilie einen schön kräftigen, leicht bitteren Geschmack, hinter dem sie sich nicht verstecken muss. Im Taboulé ist sie deshalb die wichtigste Zutat.

Doch inzwischen hat sie sich, die gutmütige Petersilie, auch hier das Heft aus der Hand nehmen lassen: Die Taboulés in den Plastikschalen im Supermarkt und die meisten Taboulés, die zu WG-Partys mitgebracht werden, bestehen fast nur noch aus Bulgur oder Couscous, ein paar Tomaten und Zwiebeln. Das sind jedenfalls nicht mehr die grünen Salate der libanesischen Küche, in denen ab und zu mal ein Bulgurkorn auftaucht.

Man nimmt also ein sehr großes Bund Petersilie, vielleicht sogar zwei, löst die Blätter von den Stielen und hackt die Blättchen klein. Das sollte man ausnahmsweise ordentlich machen: Wenn die Blätter zu grob geschnitten sind, lässt sich der Salat nicht essen. Es kommt jetzt noch etwas Minze hinzu, ebenfalls gehackt. Den Bulgur in Salzwasser gar kochen, abkühlen lassen und dazugeben. Zwiebel und Tomaten fein hacken und hinzufügen. Das Dressing besteht aus nicht mehr als etwas Zitronensaft, etwas Olivenöl, Salz und Pfeffer.

Man kann dazu ein paar Scheiben Halloumi braten, das ist ein salziger, halbfester Käse aus dem Mittelmeerraum, der in der Pfanne nicht schmilzt, sondern knusprig wird. Oder man isst dazu in Gottes Namen ein paar Lammspieße, wenn man sonst befürchtet, bei so viel Grün zum Kaninchen zu werden.

250 g Butter,
1 Bund Bärlauch
(alternativ: eine Knolle
frischer Knoblauch),
etwas Meersalz

Bärlauchbutter

In einem Land wie dem unseren ist es verpönt, eine Knoblauchfahne zu haben. Das Problem ließe sich einfach lösen, indem alle Knoblauch äßen – denn wenn man selbst Knoblauch gegessen hat, nimmt man bekanntlich den Geruch bei anderen nicht wahr.

Das viel größere Problem des heutigen Knoblauchessers ist aber die Tatsache, dass die Knollen, obwohl gerade erst im Supermarkt gekauft, oft so muffig schmecken wie ein korkiger Wein. Denn Knoblauch ist eigentlich ein Saisongemüse: Er wird nur einmal im Jahr geerntet, und zwar im Sommer. Über Monate wird er dann in den Kühllagern in China um jeden Preis und ohne Rücksicht auf das Aroma am Leben erhalten. Die Knollen werden in Chlor gewaschen und mit ionisierenden Strahlen behandelt, um den Reifeprozess zu verzögern. So hat man das ganze Jahr über strahlend weißen Knoblauch, der spätestens ab März schmeckt, wie es im Keller riecht.

Eine Alternative ist Bärlauch, der wilde Knoblauch, der im Frühjahr vor allem in Süddeutschland in schattigen Laubwäldern wächst. Es war ein kaltes Frühjahr, nicht gut für den Bärlauch. Doch wenn man sich die Mühe macht, die Blättchen aufzutreiben, kann man sie mit (weicher) Butter und etwas Meersalz pürieren – man erhält dann eine aromatische Begleitung zu Baguette und Steak. Man kann auch jungen Knoblauch nehmen, der jetzt auf Wochenmärkten erhältlich ist. Er schmeckt frisch und scharf, hat eine zarte grüne Farbe und eine Haut, so glatt wie die eines jungen Mädchens.

10 Bärlauchblätter,
1 ½ EL Olivenöl,
2 Eier, 1 Eigelb,
Salz und Pfeffer,
Paprikapulver
(spanisch, scharf),
1 Scheibe Sauerteigbrot
(für 1 Person)

Bärlauchomelett

Wer Mitte der Neunzigerjahre als Austauschschülerin in England war, erinnert sich zum einen daran, dass alle Jungs in der Grammar School sehr traurig waren, weil Kurt Cobain sich gerade umgebracht hatte. Zum anderen fiel auf, dass es abends in der Gastfamilie Essen wie Kartoffeln mit Nudeln gab oder Kartoffeln mit Pfannkuchen und dazu eine Wurst. Die britische Küche hatte sich zu diesem Zeitpunkt selbst aufgegeben. Dann kamen Jamie Oliver, Ruth Rogers und Rose Gray vom River Café, Nigel Slater, Nigella Lawson, Heston Blumenthal, Gordon Ramsay, Yotam Ottolenghi – die Liste interessanter britischer Köche ist heute lang. Wer gern isst, sollte also mal wieder nach London fahren. Die Einwandererküche ist dort lebendig wie nie, und viele Köche entdecken die alte britische Küche neu. Jason Lowe isst am liebsten englischen *blood cake* mit gebratenem Entenei oder einen frittierten Schweineschwanz. Zusammen mit seiner Frau betreibt er in Londons Prenzlauer Berg Hoxton ein eigenes Café, das Towpath Café. Dort gibt es auch normalere Speisen für Leute, die keine *food nerds* sind. Zum Beispiel kann man, direkt am Kanal in der Sonne sitzend, ein Rührei mit Bärlauch essen. Bärlauch schmeckt und riecht nach Schnittlauch, Knoblauch und Zwiebeln, wenn man ihn roh im Salat isst. Wird er erhitzt, verliert er etwas Schärfe und erinnert an Spinat.

Die Bärlauchblätter schneidet man längs in Streifen und schwitzt sie in einer Pfanne mit dem Olivenöl an. Dann nimmt man die Blätter aus der Pfanne. Das verbliebene Fett wird erhitzt, bis es kurz davor ist, zu rauchen. Jetzt werden die Eier und das Eigelb verquirlt und mit den angebratenen Blättern in die Pfanne gegeben. Man schmeckt mit Salz und Pfeffer ab. Die Eiermasse wendet man nach einem Augenblick und belässt sie dann für ungefähr eine halbe Minute in der Pfanne. Das Ergebnis sollte weich und locker sein und eine Konsistenz zwischen Rührei und Omelett haben. Die Eier essen sich am besten auf einer Scheibe Sauerteigbrot. Darüber wird scharfes spanisches Paprikapulver gestreut.

Man kann den Bärlauch im Wald selber sammeln. Man sollte die Pflanze aber wirklich nicht mit dem giftigen Maiglöckchen verwechseln, dem sie ähnlich sieht. Es sind schon Leute an einer Maiglöckchenvergiftung – ein Wort wie aus einem Brontë-Roman – gestorben.

2 Handvoll Löwenzahnblätter,

2 Eier, etwas Weißweinessig,

Olivenöl,

Zitrone, Salz, Pfeffer,

80 g Speck

(für 2 Personen)

Löwenzahnsalat mit Speck und pochierten Eiern

Die Geschichte des Löwenzahns wäre ein schönes Thema für eine kulturwissenschaftliche Hausarbeit, die im 17. Jahrhundert mit John Evelyn beginnen könnte. Der Vegetarier der ersten Stunde erwähnte das Unkraut in seinem Gartenbuch, das, wörtlich übersetzt, den Titel »Salatdiskurs« trägt. Er schreibt auch, dass in der griechischen Mythologie die Göttin Hekate einen Löwenzahnsalat für Theseus zubereitet habe. Evelyn hat allerdings auch einen ausführlichen Reiseführer über Teneriffa verfasst, ohne jemals dort gewesen zu sein. Man kann sich auf seine Behauptungen also nicht unbedingt verlassen.
Statt den Löwenzahn, der überall auf den Bürgersteigen wächst, zu pflücken, nimmt man lieber welchen aus dem eigenen Garten oder aus dem Gemüseregal im Biomarkt. Dort werden jetzt die jungen Blätter verkauft, die gerade bitter genug sind, dass sie eine aromatisch interessante Verbindung mit der Süße eines pochierten Eis und salzigem Speck eingehen. Dieser Salat ist ein Klassiker der Küche Frankreichs, wo der Löwenzahn den erstaunlich rüden Namen *Pissenlit* trägt.

Die Blätter werden geteilt, wenn sie zu groß sind, und gründlich gewaschen. Um ein Ei zu pochieren, bringt man in einem Topf Wasser mit einem Schuss Weißweinessig zum Kochen. Das Ei schlägt man am besten in eine Suppenkelle, mithilfe derer man es vorsichtig ins heiße, nicht mehr sprudelnde Wasser gleiten lässt. Das Ei färbt sich augenblicklich weiß. So kocht es – je nach Geschmack – 3 bis 5 Minuten. Mit der Kelle wird es wieder herausgeholt. Den Salat macht man mit Öl, Zitrone, Salz und Pfeffer an. Ganz am Ende wird der zuvor in der Pfanne ausgelassene Speck beigefügt und das pochierte Ei obendrauf gesetzt.

750 g Rhabarber,

4 Blutorangen,

1 EL Zucker,

1 Vanilleschote

(für 4–6 Personen)

Rhabarber mit Orange

Nur wenige Rezepte, die einem in Magazinen und Kochbüchern gefallen, kocht man nach. Das macht nichts. Es geht darum, sich vorzustellen, wie es wäre, die Gerichte zu kochen. Man kann sich eine Rezeptsammlung anlegen namens: Die besten Rezepte, die ich nie nachgekocht habe und nie nachkochen werde. Das ist so schön melancholisch wie Judith Schalanskys *Atlas der abgelegenen Inseln* über Orte, die sie nie bereisen wird.
Nigel Slaters neues Kochbuch, der zweite Band seiner Reihe *Tender,* eignet sich gut fürs Fantasie-Kochen, denn es ist fast 600 Seiten dick, aufwendig gestaltet wie ein Bildband. Man kann darin stundenlang lesen ohne die geringste Absicht, etwas daraus zu kochen. Das Buch handelt vom Obst, das Slater in seinem Hinterhofgarten in London anbaut (der erste Band ist letztes Jahr auch bei DuMont erschienen und handelt von Gemüse). Rhabarber, das erste Obst des Jahres (botanisch gesehen ein Gemüse), isst er zu Schweinefleisch, Makrele und Lachs. Aber, sagt Slater, am besten ist Rhabarber immer noch als Dessert. Also wird er mit Blutorangen und Vanille im Ofen geschmort. Ein Rezept, so einfach, dass man es vielleicht doch in die Realität umsetzt.

Backofen auf 200 Grad vorheizen. Rhabarber abspülen, Blätter entfernen. Die Stängel in kurze Stücke schneiden und in eine ofenfeste Form geben. 2 Orangen schälen, die weiße Haut vollständig entfernen, Früchte in dicke Scheiben schneiden und zum Rhabarber geben. Den Saft der anderen beiden Orangen auspressen und über das Obst in der Form geben. Alles mit Zucker bestreuen – wer es süßer mag, nimmt etwas mehr als einen Esslöffel. Die Vanilleschote längs aufschneiden, in die Form legen. Mit Alufolie abdecken und im Ofen backen, bis der Rhabarber weich ist. Das dauert wahrscheinlich 20 Minuten. Abkühlen lassen und in Gläser füllen, die man vor dem Essen eine Stunde im Kühlschrank kalt stellt.

350 g Rhabarber, 2 Zwiebeln (gehackt),
½ Chilischote (klein geschnitten),
1 Stück Ingwer (gehackt),
1 Knoblauchzehe (fein gehackt), Olivenöl,
40 g brauner Zucker, 3 EL Essig
(für 1 Glas)

Rhabarberchutney

Sich ausschließlich regional zu ernähren ist eine schöne Idee, praktisch aber leider unmöglich. Im Frühling kann man zumindest so tun, als gäben die deutschen Äcker so viel her, dass man Importe gar nicht braucht. Der Rhabarber zum Beispiel wächst und wächst. Es ist wie in England zu Beginn des 20. Jahrhunderts, als eine durchschnittliche Familie sechsmal die Woche Rhabarber aß, wie sozialhistorische Studien belegen. Wenn man also Mitte April schon drei Rhabarberkuchen mit Eischaum gebacken hat, fragt man sich: Was kann man denn noch mit diesem Gemüse machen? Weil der Rhabarber sauer ist, ist er eine gute Grundlage für ein Chutney. Rhabarberchutney wird in England zu Schweinekoteletts gegessen, es passt auch gut zu Lamm, zu einem kräftigen Fisch und zu einem würzigen Ziegenkäse.

Um ein Chutney herzustellen, muss man nicht viel können: Zunächst schält man den Rhabarber, falls nötig (einige Sorten muss man nicht schälen). Man schneidet die Stängel in 2 cm lange Stücke. In einer Pfanne Zwiebeln, Chili, Ingwer, Knoblauch in Olivenöl einen Augenblick anschwitzen. Den Rhabarber dazugeben. Wenn er etwas Flüssigkeit abgegeben hat, nach ungefähr 10 Minuten, fügt man den Zucker hinzu und schmeckt mit Essig ab. Bei kleiner Hitze ungefähr 20 Minuten weiterköcheln lassen, bis das Chutney eine kompottartige Konsistenz hat.

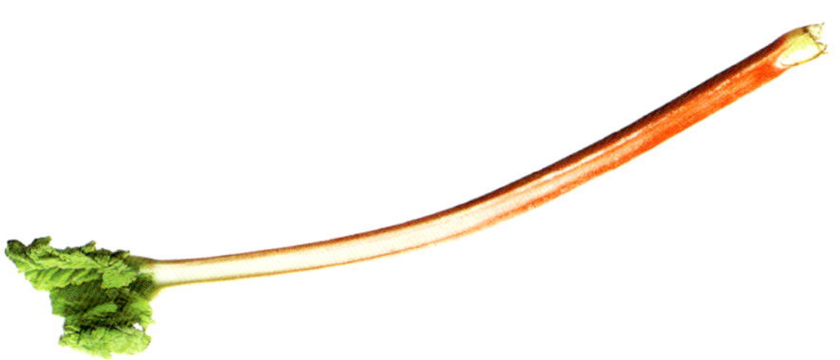

Für das Fleisch: 6–8 Kartoffeln,
2 Zwiebeln, 1 Knoblauchknolle, einige Rosmarinzweige,
Salz, schwarzer Pfeffer,
ein Schuss Olivenöl, etwas Weißwein,
1–2 Lammschultern
Für die Sauce:
6 Tomaten, 1–2 Knoblauchknollen,
100 g geröstete Mandeln, 50 g geröstete Haselnüsse,
evtl. 2 getrocknete Paprika (eine Stunde lang in Wasser eingelegt),
süßes Paprikapulver, 1 Handvoll Petersilie, etwas Essig
Für die Beilage: 24 Frühlingszwiebeln
(für 4–6 Personen)

Lammschulter mit Romesco-Sauce und gebratenen Frühlingszwiebeln

In Spanien gibt es ein Gemüse namens »Calçots«, sie ähneln Frühlingszwiebeln. Um diese Jahreszeit werden sie gegrillt, bis sie schwarz und süß werden. Sie sind in Deutschland schwer zu bekommen. Die Tapasbar Raval in Berlin bringt uns auf die Idee, blasse deutsche Frühlingszwiebeln scharf anzubraten, statt damit wie sonst unsere Wurstplatte zu dekorieren. Dazu gibt es Lamm und eine Romesco-Sauce, einen Klassiker der spanischen Küche und für alle, die sie noch nicht kennen, eine Erleuchtung.

Kartoffeln in 1 cm dicke Scheiben schneiden, Zwiebeln in dünne Streifen. Beides auf einem Backblech auslegen. Darauf kommen die Knoblauchknolle, nicht geschält und quer halbiert, sowie die Rosmarinzweige. Salzen und pfeffern. Olivenöl darübergeben, mit Wasser und Wein auffüllen, sodass die Kartoffeln gerade bedeckt sind. Das mit Pfeffer und Salz eingeriebene Lamm darauflegen, bei 180 Grad zwei Stunden garen, wobei alle 30 Minuten das Fleisch mit dem Sud begossen wird. Die Garzeit hängt von der Größe der Lammschulter ab, man muss also mit Gefühl an die Sache herangehen.

Für die Romesco-Sauce gibt man auf ein zweites Blech je im Ganzen Tomaten und 1 bis 2 ungeschälte Knoblauchknollen. 30 Minuten garen, dann Tomaten schälen. Der Knoblauch ist weich und schmeckt süßlich, das Mus lässt sich leicht aus der Schale herausdrücken. Mit Mandeln, Haselnüssen, getrockneten Paprika (wer keine bekommen kann, lässt sie weg), Paprikapulver, Petersilie und Essig im Mixer zerkleinern.

Die Kartoffeln sind zum Schluss goldgelb, die Flüssigkeit ist fast vollständig verdampft. Man entfernt Rosmarin und Knoblauch und gibt das Fleisch auf eine Servierplatte. Die Romesco-Sauce mit den Kartoffeln vermengen, ebenfalls auf der Platte anrichten. Die Frühlingszwiebeln in einer Pfanne in heißem Öl braten, bis sie etwas Farbe angenommen haben. Salzen und pfeffern.

Für die Füllung:

300 g Spinat, 1 Zwiebel, 50 ml Pflanzenöl,

½ TL Salz, Paprikapulver, Pfeffer

Für die Sauce:

2 Eier, 3 EL Joghurt, 100 ml Pflanzenöl,

150 ml Milch, 1 EL Sesam,

1 Packung türkischer Blätterteig

(12–16 Blätter, dreieckig)

(für 4–6 Personen)

Blätterteigrollen mit Spinatfüllung

Einige Restaurantbetreiber mit türkischem Migrationshintergrund halten es für sinnvoll, sich als italienische Gastwirte auszugeben. Denn die italienische Küche ist Konsensküche, während der Normalesser vor dem Essen der Türken immer noch ein wenig Angst zu haben scheint, auch wenn er ansonsten vielleicht liberale Ansichten zum Thema Einwanderung vertritt. Dabei kann man von den türkischen Köchen einiges lernen. Sie haben einen beispielhaft gelassenen Umgang mit Spinat. Er ist in der Türkei Bestandteil vieler Gerichte und macht kein Aufhebens um sich. Es ranken sich dort keine Legenden um seinen Eisengehalt. Kinder essen ihn klaglos. Spinat wird zum Beispiel einfach in einen Börek gestopft, eine Fast-Food-Blätterteigtasche. Die Rollen, die es bei jedem türkischen Imbiss gibt, können extrem fettig sein, wenn sie frittiert werden. Das schmeckt besonders nachts um zwei Uhr. Die leichtere Variante, im Ofen gebacken, wird im Kochbuch *Echt türkisch* beschrieben, das Hilal Arslantas zusammen mit ihrer Mutter Latife verfasst hat (Christian Verlag). Die Familie wohnt seit Langem in Deutschland. Hilal Arslantas studiert Wirtschaftsingenieurwesen in Landshut, aber einen ganzen Sommer lang kochten die beiden in der türkischen Sommerfrische im anatolischen Dorf, um ihr Buch mit 80 Rezepten zusammenzustellen.

Den Spinat waschen, abtropfen lassen, klein schneiden und in eine Schüssel geben. In einer Pfanne das Öl erhitzen, die Zwiebel schälen, klein hacken und anschwitzen. (Wer will, brät ein bisschen Knoblauch mit an.) In die Schüssel zum Spinat geben und mit Salz, Paprika und Pfeffer abschmecken. Die Blätterteig-Dreiecke nebeneinander auslegen.
In einer Schüssel Eier, Joghurt, Öl und Milch verquirlen. Je ein Teigdreieck mit dieser Mischung bestreichen und ein anderes Dreieck darauflegen. Jetzt auf dem spitzen Drittel der Dreiecke jeweils etwas von der Spinat-Zwiebel-Mischung verteilen. Die anderen beiden Ecken des Dreiecks einschlagen und von der Spitze her einrollen. Auf ein gefettetes Backblech legen. Die übrige Sauce auf die Böreks streichen, mit Sesam bestreuen und im auf 200 Grad vorgeheizten Backofen ungefähr 15 Minuten goldbraun backen.

4 Handvoll frischer Spinat,
etwas Olivenöl, Saft von ½ Zitrone,
Salz und Pfeffer,
200 g Hühnerleber,
etwas Butter, 2 EL Balsamico,
2 EL Haselnüsse (grob gehackt),
1 EL Zucker
(für 2 Personen)

Spinatsalat mit gebratener Hühnerleber

Deutschland ist das Land in der Mitte Europas, in dem man starke Aromen nicht schätzt. Ganz anders ist das bekanntlich in Frankreich: Dort macht man Pastete aus Sumpfbiber *(pâté de ragondin)* und liebt Käse, der nach Kellerloch schmeckt. Bestellt man im Pariser Restaurant La Poule au Pot einen Spinatsalat mit Hühnerleber, sieht der so aus: Erstens ist der Spinat nicht der geschmacksneutrale Babyspinat, wie man ihn an deutschen Gemüsetheken findet. Es ist der erwachsene Spinat mit Falten und Runzeln. Denn so wenig, wie Menschen jung sein müssen, um schön zu sein, muss Essen jung sein, um gut zu schmecken. Zweitens ist die gebratene Hühnerleber innen noch rosa. Das widerspricht natürlich den Hygieneregeln des Bundesinstituts für Risikobewertung, welches rät, Hühnchen wegen der Salmonellengefahr immer durchzugaren. So leicht ist es heute, verrucht zu sein: Man isst halbrohe Hühnerleber in Paris. Früher haben die Leute dort ganz andere Dinge getan, was man so hört, aber sie zogen daraus vielleicht denselben Schluss: Alles, was Spaß macht, ist ungesund.

Man wäscht und putzt also die Spinatblätter und rührt eine Salatsauce aus Olivenöl, Zitronensaft, Salz und Pfeffer an. Die Hühnerleber in nicht zu kleine Stücke schneiden und in etwas Olivenöl und einem kleinen Stück Butter anbraten – rosa oder ganz durch, je nachdem, wie man sich gerade fühlt und wo man die Leber gekauft hat. Herausnehmen, salzen und pfeffern und den Bratensatz mit Balsamico sofort ablöschen.
Haselnüsse in einer anderen Pfanne rösten, bis sie etwas Farbe annehmen, Zucker dazugeben und karamellisieren lassen. Spinat mit dem Dressing anmachen, dann die Leber mit der Bratensauce darübergeben – und zum Schluss die Nüsse.

Für den Teig: 500 g Mehl,
240 ml Olivenöl, 1 EL Salz,
180 ml eiskaltes Wasser
Für die Füllung: 1 Zwiebel,
500 g frischer Spinat,
Salz, Pfeffer, Muskat,
100 g geriebener Parmesan,
500 g Ricotta, 5 Eier
(für 8–10 Personen)

Italienischer Osterkuchen

Das deutsch-italienische Verhältnis hat in den letzten Jahren gelitten, deshalb wollen wir hier daran erinnern, dass es auch das »gute Italien« gibt. Das Land, das uns beigebracht hat, dass Essen etwas Schönes ist und nichts, was man so schnell wie möglich hinter sich bringen muss. Und waren es nicht auch die Italiener, die uns gezeigt haben, dass Spinat nicht klein gehackt und tiefgefroren sein muss, sondern dass es sich um luftige Blättchen handelt, die sich sanft dünsten lassen und sich besonders gut mit Ricotta vertragen? Das sollte man so wenig für selbstverständlich erachten wie den europäischen Frieden. Deshalb wollen wir dieses Ostern unsere Eier in einer italienischen Spinattorte namens Torta Pasqualina suchen.

Dafür wird ein Teig aus Mehl und Olivenöl zubereitet. Das geht so einfach, dass man sich das Rezept am besten für seine nächste Gemüsetarte merkt. Mit den Knethaken des Rührgeräts werden Mehl, Olivenöl und Salz vermengt, sodass sich Klümpchen bilden. Das kalte Wasser wird langsam dazugegeben. Weiterrühren, bis ein Teig entsteht. Für die Füllung hackt man die Zwiebel und dünstet sie glasig in etwas Olivenöl. Der geputzte Spinat kommt dazu. Etwa 10 Minuten lang dünsten, mit Salz, Pfeffer und Muskat abschmecken. Auskühlen lassen, am besten in einem Sieb. In einer Schüssel werden Parmesan, Ricotta und 1 Ei vermengt, den Spinat unterheben.
Den Teig in Hälften teilen. Eine Hälfte ausrollen und in eine Springform von 30 cm Durchmesser geben, der Teig sollte über den Rand hinausreichen. Spinatmischung hineingeben, mit einem Löffel vier Kuhlen ausheben, in die man jeweils ein Ei gleiten lässt, ohne das Eigelb zu verletzen. Die andere Hälfte des Teigs ausrollen und damit die Torte abdecken. Bei 190 Grad eine Stunde lang backen.

1 Handvoll Spinat,

1 Stange Sellerie (in 2–3 Stücke zerteilt),

½ reife Avocado (ohne Schale und Kern),

½ Salatgurke (ungeschält),

1 Apfel (ungeschält),

1 kleines Stück Ingwer (geschält),

1 EL Kresse

(für 2 Gläser)

Grüner Smoothie

Die Frau sei eine eingebildete Kranke, schrieb mal die Literaturwissenschaftlerin Hannelore Schlaffer. Ständig sehe sie Symptome, die keine sind: Falten, Poren, Unebenheiten. Im Ton des Hypochonders wird jetzt auch über Essen geschrieben. Nahrung ist vor allem Medizin. Pfifferlinge glätten angeblich die Haut, Kartoffeln helfen gegen brüchiges Haar. Dieser Gedankenwelt ist der Grüne Smoothie entsprungen, der aus nichts als grünem Gemüse und etwas Obst besteht. Überraschenderweise aber schmeckt der laubfroschfarbene Drink. Ein wenig erinnert er an Babykost, aber so hat der Obstsmoothie vor ein paar Jahren auch angefangen, und heute kann man ihn sich aus den Kühlregalen der Supermärkte nicht mehr wegdenken. Auf jeden Fall sollte man sich vom Grünen Smoothie nicht deshalb abhalten lassen, weil er vielleicht gesund ist. Könnte nicht zum Beispiel auch ein Schuss Wodka sich darin sehr gut machen?

Es sollte ein großer Anteil Blattgemüse enthalten sein: Spinat, Wildkräuter, Salat, das frische Grün von Karotten oder Radieschen. Die etwas salzige Staudensellerie ist für den Geschmack des Smoothies von Vorteil. Avocado macht das Ganze cremiger. Ein Anteil Obst sollte ebenfalls drin sein, geeignet sind Bananen, Mangos, Äpfel, Birnen.

Der Spinat (oder anderes Blattgemüse) wird zunächst mit etwas Wasser püriert. Im Standmixer geht das am besten, mit einem leistungsstarken Pürierstab funktioniert es auch. Dann kommen nacheinander die anderen Zutaten hinzu und werden ebenfalls püriert. Zum Schluss kann man, wenn man will, etwas Wasser hinzufügen. Am besten trinkt man seinen Smoothie sofort.

700 g Blumenkohl,
5 EL Olivenöl, 30 g Haselnusskerne,
1 große Stange Sellerie
(in 0,5 cm breite Stücke geschnitten),
etwas glatte Petersilie, 50 g Granatapfelkerne,
⅓ TL Zimt, ⅓ TL gemahlener Piment,
1 EL Sherryessig, 1½ TL Ahornsirup,
Salz und schwarzer Pfeffer
(für 2–4 Personen)

Gerösteter Blumenkohl mit Haselnüssen

Manche Leute glauben, Israel sei das Land der Paranoiker und des Gefilten Fischs, können diese Vorstellung aber nicht auf ihren Wahrheitsgehalt überprüfen, weil sie aus Angst vor den palästinensischen Selbstmordattentätern nicht dorthin reisen. Diese Leute können sich jetzt Yotam Ottolenghis neues Kochbuch *Jerusalem* kaufen (erschienen im Dorling Kindersley Verlag). Ottolenghi wuchs im jüdischen Teil der Stadt auf, sein Koautor, Freund und Geschäftspartner Sami Tamimi im muslimischen Ostjerusalem. Man erfährt in dem Buch alles über die Küche Israels, was man wissen will. Zum Beispiel, dass Gefilte Fisch sozusagen der Mett-Igel Israels ist: Alle reden darüber, keiner isst es. Dagegen schätzt man auch in Israel die kulinarische Methode, für die wir das Verb »ottolenghisieren« erfinden: Es bedeutet, aus einem langweiligen Gemüse ein aufregendes Gericht zu machen, indem man Kumin, Safran oder Granatapfelkerne dazugibt oder alle drei Zutaten. Einfach ausprobieren, meistens klappt es.

Für einen Salat aus geröstetem Blumenkohl wird der Kohl zunächst in kleinere Röschen zerteilt. Diese werden in einer Mischung aus 3 Esslöffeln Olivenöl, ½ Teelöffel Salz und etwas Pfeffer gewendet. Der Backofen sollte inzwischen auf 220 Grad vorgeheizt sein. In einer ofenfesten Form verteilt man den Blumenkohl und grillt ihn ungefähr 25 bis 35 Minuten lang, wobei man ihn ab und zu wendet. Den Backofen auf 170 Grad herunterschalten und die Haselnüsse auf ein mit Backpapier ausgelegtes Blech streuen. Etwa 15 Minuten lang rösten. Abkühlen lassen, grob hacken und zusammen mit den anderen Zutaten und dem abgekühlten Blumenkohl in eine Schüssel geben. Durchmischen, mit Salz und Pfeffer abschmecken und zimmerwarm servieren.

3 Romana-Salatherzen,
Parmesan zum Garnieren
Für das Dressing:
6 Anchovis, 1 Knoblauchzehe,
Salz, 2 Eigelb,
2 TL Zitronensaft, 1 TL scharfer Senf,
2 TL Olivenöl, 100 ml Pflanzenöl,
3 EL geriebener Parmesan, Pfeffer, Zitronensaft
Für die Croutons:
1 kleines Weißbrot, 3 EL Olivenöl
(für 6 Personen)

Caesar Salad

In unserer Serie »Verhunzte Klassiker« geben wir Gerichten ihren Glanz zurück, die einst ruhmreich waren, denen die Geschichte aber übel mitgespielt hat. In dieser Folge geht es um den Caesar Salad. Früher einmal steckte viel Fortschrittsglaube in diesem Salat, ein großer Wille zur Modernität. Es war zu der Zeit, als es noch keine Kühlkette gab, damals mischte Cesare Cardini rohe Eier in eine Salatsauce. Er war ein italienischer Einwanderer, der während der Prohibitionszeit in den Zwanzigerjahren ein Restaurant im mexikanischen Tijuana unterhielt, gleich an der Grenze zu den USA. Heute ist der Caesar Salad nur noch ein Schatten seiner selbst. Meistens wird der Knoblauch weggelassen, weil es als ungepflegt gilt, eine Knoblauchfahne zu haben. Auch ein Ei findet man selten im Dressing. Der Salat ist in seiner Ursprungsform nicht vegan und schlank genug, farblich macht er auch nichts her. Doch eine cremige Sauce, gewürzt mit Knoblauch, Parmesan und Zitronensaft, auf nussigen Salatblättern, gebackenes Weißbrot – es ist eine unschlagbare Kombination. Man könnte darüber streiten, ob in einen Caesar Salad Anchovis gehören oder nicht, man kann es aber einfach so machen, wie es einem am besten schmeckt. Unser Rezept kommt aus dem schönen amerikanischen Kochmagazin *Bon Appétit*.

Für das Dressing werden Anchovis, Knoblauch und Salz mit dem Stabmixer zu einer Paste verrührt. In eine Schüssel geben, Eigelb, Zitronensaft, Senf und Olivenöl hinzufügen. Pflanzenöl langsam dazugießen, dabei rühren, bis das Dressing zu einer mayonnaiseartigen Creme wird. Geriebenen Parmesan dazugeben, abschmecken mit Salz, Pfeffer und Zitronensaft. Für die Croutons wird Weißbrot in ungefähr 2 cm große Stücke gerissen. Mit Olivenöl, Salz und Pfeffer vermengen, auf ein mit Backpapier ausgelegtes Blech legen, bei 190 Grad 10 bis 15 Minuten lang backen, bis das Brot goldbraun ist. Das Dressing über den Salat geben. Die Blätter ließ Cesare Cardini angeblich ganz, man aß sie mit der Hand – ob man diesen Brauch übernimmt, darf man selbst entscheiden. Zum Schluss Croutons dazugeben und Parmesan darüberhobeln.

1 mittelgroßer Kopf Radicchio,

Olivenöl, 2 EL geröstete, grob gehackte Walnüsse,

60 g junger Ziegenkäse,

2 EL gehackte getrocknete Cranberrys,

2 EL gehackte Petersilie, Salz, Pfeffer

(für 1–2 Personen)

Gegrillter Radicchio

So wie ein Kind mit dem Erwachsenwerden begreift, dass es etwas Beglückendes ist, abends ins Bett zu gehen, und nicht etwas, gegen das man sich schreiend zur Wehr setzen muss – so lernt es auch, dass Bitteres wohlschmeckend sein kann. Zum Beispiel Chicorée, dunkle Schokolade, Kaffee, Alkohol und Radicchio. Ein Vorbehalt bleibt aber, und den Anflug von Furcht muss auch der Erwachsene überwinden, wenn etwas bitter schmeckt. Deshalb wird Zucker in den Espresso gegeben und Soda in die Drinks, deshalb verzichtet die Lebensmittelindustrie in ihren Fertiggerichten auf die bittere Geschmacksrichtung gleich ganz. Und deshalb schmeckt vieles, was mal bitter war, heute gar nicht mehr so bitter. Die neueren Züchtungen des Radicchio zum Beispiel sind meistens so mild, dass man daraus ganz ohne Angst ein schönes, kleines Gemüsegericht machen kann.

Dafür werden die Blätter nicht wie üblich mit Dressing angemacht, sondern in der Pfanne gegrillt und zusammen mit Ziegenkäse, Walnüssen und Cranberrys gegessen (oder Rosinen, wenn die leichter zu besorgen sind). Die Blätter vom Salatkopf lösen. In einer Grillpfanne erhitzt man etwas Olivenöl und brät die Blätter von jeder Seite ungefähr eine Minute lang scharf an. Sie sollten ein bisschen gebräunt sein, aber noch Biss haben. Die Blätter auf einer Platte anrichten. Darüber gibt man die restlichen Zutaten: die Walnüsse, den zerbröselten Ziegenkäse, Cranberrys, Petersilie. Zum Schluss mit Salz und Pfeffer abschmecken.

1 Kopfsalat, 250 g frische oder tiefgefrorene Erbsen,
300 g Hummerfleisch, 250 g Flusskrebse,
1 große Avocado, vielleicht 1 Handvoll Erbsensprossen
Für das Dressing:
1 EL Weißweinessig, ½ TL Dijonsenf,
½ TL Agavendicksaft oder Zucker,
5 EL Olivenöl, 3 EL Sauerrahm,
Saft von 1 Zitrone,
1 Handvoll frischer Estragon und/oder Kerbel,
Salz und Pfeffer
(für 4 Personen)

Salat mit Hummer und Flusskrebsen

Das eigene Körpergewicht ist eines der wichtigsten Themen, die einen beschäftigen. Mindestens so interessant ist die Frage, wie viel andere wiegen. Deshalb gibt es Menschen, die vor allem wegen ihres Gewichts bekannt sind: Nicole Richie und Rainer Calmund. Auch Karl Lagerfeld wurde erst ein Star, als er 40 Kilo abnahm. Sophie Dahl, Enkelin des britischen Kinderbuchschriftstellers Roald Dahl, modelte früher, da hatte sie Kleidergröße 42. Dann verlor sie ein paar Kilos – der Verlauf ist im Internet genau dokumentiert. Das ist zwölf Jahre her. »Trotzdem ist es das, was die Leute am allerinteressantesten an mir finden«, sagt Sophie Dahl. Zu den interessanten Dingen in ihrem Leben gehören: ihre Affäre mit Mick Jagger, ihre beiden Romane, ihre Familie, die aus »verfressenen Exzentrikern« bestehe, sowie ihre beiden Kochbücher. Das zweite ist gerade auf Deutsch erschienen (*Von Saison zu Saison*, Edel Verlag). Darin sind großartige, einfache Rezepte versammelt, die in kurzer Zeit zuzubereiten sind – wie dieser Salat mit Hummer und Flusskrebsen. »Ich habe nie behauptet«, sagt Dahl, »dass ich eine richtige Köchin bin.«

Für das Dressing werden der Essig, der Senf und der Agavendicksaft (oder der Zucker) miteinander in einer kleinen Schüssel verrührt. Dann wird das Olivenöl dazugegeben. Weiterrühren und den Sauerrahm, den Zitronensaft und die gehackten Kräuter hinzufügen. Mit Salz und Pfeffer abschmecken.

Den Kopfsalat waschen und trocken schütteln, die Blätter in eine große Schüssel geben. Die Erbsen werden für 2 bis 3 Minuten in Wasser gekocht. Sie sollten auf keinen Fall zu weich werden. Abgießen, eventuell in kaltem Wasser abschrecken und abkühlen lassen.

Das Hummerfleisch in Stücke schneiden und mit den Flusskrebsen an den Salat geben. Wer Garnelen lieber mag, nimmt die statt der Flusskrebse. Die Erbsen in die Schüssel geben. Zum Schluss die Avocado in Spalten schneiden und hinzufügen. Vor dem Servieren das Dressing darübergeben (das übrigens auch zu kaltem Hühnchen gut schmeckt) und dann den Salat mit Erbsensprossen bestreuen.

300 g Mangold, 1 EL Olivenöl, 2 Schalotten,
130 g Risottoreis, 120 ml Weißwein,
400 ml Gemüsebrühe,
20 g Butter, 20 g Parmesan (gerieben),
80 g Gorgonzola, Salz, Pfeffer
(für 2 Personen)

Mangoldrisotto

Der Mangold, ein Gemüse, frisch und unschuldig wie der Frühling, lässt sich gern von den kräftigen Aromen eines alten, stinkenden Käses überwältigen. Ein reifer Gorgonzola, ein Roquefort, ein englischer Stilton kurz vor dem Exitus – dafür interessiert sich ein junges Mangoldblatt.

Wir kochen also einen Mangoldrisotto, dem wir neben dem üblichen Parmesan einen Blauschimmelkäse hinzufügen. Dafür trennen wir zunächst die Mangoldblätter von den Mangoldstängeln. Die Stängel werden in kleine Stücke geschnitten (5 mm bis 1 cm dick). Wir hacken zwei Schalotten und dünsten sie mit den Stängeln in etwas Olivenöl an. Das sollte ungefähr 5 Minuten dauern, sodass etwas Flüssigkeit aus dem Mangold verdampfen kann – dabei viel rühren. Dann den Reis dazugeben, kurz mit anschwitzen. Mit Weißwein ablöschen. Wenn die Flüssigkeit verkocht ist, mit heißer Brühe angießen, sodass der Reis gerade bedeckt ist. Diesen Vorgang wiederholen, bis der Reis gar ist (20 bis 30 Minuten). Das Geheimnis des Risottokochens: Es könnte sein, dass man etwas mehr Brühe braucht als im Rezept angegeben, wenn nämlich der Reis noch nicht gar ist, die Flüssigkeit aber aufgebraucht. Vielleicht braucht man auch etwas weniger Brühe – wenn der Reis gar ist, aber noch Flüssigkeit übrig ist. Die Mangoldblätter werden in feine Streifen geschnitten und blanchiert, also kurz in kochendes Wasser gegeben. Man schreckt sie unter kaltem Wasser ab und drückt mit der Hand sanft das Wasser aus den Blättern. (Wenn man die Blätter nicht blanchiert, ist der empfindliche Flüssigkeitshaushalt des Risottos gestört.) Den Risottotopf vom Herd nehmen. Die Mangoldblätter hineingeben, gut verrühren. Es folgen jetzt außerdem etwas Butter, Parmesan und der prächtige Käse. Mit Salz und Pfeffer wird abgeschmeckt.

4 Eier, 375 g Zucker,

300 ml Sonnenblumenöl, 340 g Mehl,

½ TL Backnatron,

½ TL Backpulver, 1 Prise Zimt,

350 g Karotten (geschält und gerieben),

250 g Walnusskerne (gehackt)

Karottenkuchen ohne Buttercreme

Der sogenannte Hype-Zyklus stellt die unterschiedlichen Phasen öffentlicher Wahrnehmung dar, die neue Technologien immer durchlaufen. Das Modell lässt sich gut auf Nahrungsmittelvorlieben übertragen, die ebenfalls einem schnellen Wandel unterliegen. Der Weg des Karottenkuchens zum Beispiel verlief so: Er kam Ende der Neunzigerjahre gemeinsam mit Muffins und Cupcakes aus den USA nach Deutschland. Mit seiner Haube aus Buttercreme war er ein Wunder für diejenigen, die mit bröseligem Käsekuchen aufgewachsen waren. Doch vom »Gipfel der überzogenen Erwartungen« geht es immer hinab in das »Tal der Enttäuschungen«. Das war vor ein paar Jahren, als man französische Macarons entdeckte und sich leicht angewidert von der üppigen *American Bakery* abwandte. Einiges spricht dafür, dass der Karottenkuchen es inzwischen auf das »Plateau der Produktivität« geschafft hat: Auch in Weißmehl-Backshops wird er heute angeboten, und selbst diejenigen kaufen ihn manchmal, die überlegen, was nach den Macarons als nächstes großes Ding kommen könnte.
Der australische Koch Matt Wilkinson hatte jetzt die Idee, den Karottenkuchen von der Buttercreme zu befreien. So macht er ihn, abseits vom Hype-Zyklus, zu einem schön schlichten Kuchen, der nicht zu süß ist und zu Käse passt, zu Brie beispielsweise, serviert als abschließender Gang eines Abendessens.

Zunächst Eier mit Zucker schaumig schlagen, das Öl unterrühren. Mehl mit Backnatron, Zimt und Backpulver in eine Schüssel sieben. Eiermasse unterheben, ebenso Karotten und Walnüsse. Den Teig in eine eingefettete, mit Backpapier ausgelegte Kastenform geben, bei 180 Grad backen, mindestens 45 Minuten lang, eventuell länger.

1 Mairübe,
etwas Sake und etwas Essig,
je eine Prise Zucker und Salz,
Olivenöl,
1 saurer Apfel,
1 Bund Rucola,
1 Büffelmozzarella,
etwas schwarzer Pfeffer,
Abrieb einer Zitrone
(für 2 Personen)

Mairübchen-Salat mit Mozzarella

Es gab mal den Begriff »Fusion Cuisine«. Gemeint war eine Küche, die Zutaten und Methoden aus unterschiedlichen Ländern mixt. Man aß Sushi mit Mayonnaise und Rindersteaks mit Wasabisauce. Die Idee kam aus Kalifornien, wo schon seit Jahrzehnten Burger-Restaurants neben Sushi-Läden liegen. Heute allerdings stehen vor allem in zweifelhaften Restaurants Grillhähnchen, Sushi, Cocktails und Spaghetti zusammen auf einer Speisekarte.
Im kürzlich eröffneten Restaurant Katz Orange in Berlin versucht man trotzdem noch mal, die Aromen zu mischen. Der Besitzer, Ludwig Cramer-Klett, ist der Urenkel einer Pawnee-Indianerin, ein ehemaliger Investmentbanker und Anhänger des sogenannten Isolationsfastens, eines Rituals, das sich südamerikanische Schamanen ausgedacht haben. (Es ist das, wonach es klingt: Man ist allein und darf nichts essen.) Cramer-Klett lässt seinen Küchenchef Mairüben – blasses deutsches Wurzelgemüse – in Sake garen, dem japanischen Reiswein. Daraus entsteht zusammen mit Büffelmozzarella, Apfel und Rucola ein kosmopolitischer Salat.

Die Mairübe, dank der Senföle nicht so harmlos im Geschmack, wie sie aussieht, wird geschält und in Scheiben geschnitten. Nach Belieben werden Sake, Essig, Zucker und Salz vermengt, die Mischung wird aufgekocht. Das ist der Fond, in dem die Rübenscheiben bei niedriger Temperatur ziehen, bis sie gar sind. Es dauert nur ein paar Minuten. Der Fond wird durch ein Sieb gegossen und aufgefangen, man gibt etwas Olivenöl hinzu, sodass ein Salatdressing entsteht, das man vielleicht noch etwas nachsalzt. Den in Scheiben geschnittenen Apfel legt man auf einen Servierteller, so wie auch den Rucola. Darüber kommt das Sake-Dressing. Man gibt dann die Rübenscheiben auf den Salat, zerrupft oder zerteilt den Büffelmozzarella und richtet ihn ebenfalls auf dem Teller an. Dann würzt man noch mit etwas Pfeffer und Zitronenschale. Nach dem Essen sollte man sich eine Notiz machen, dass Sake sich zum Dünsten und Schmoren von Gemüse offensichtlich genauso gut eignet wie Wein, der sonst meistens verwendet wird.

2 kg Rehfleisch aus Schulter und/oder Nacken (in mundgerechte Stücke geschnitten),
etwas Mehl, Olivenöl, 800 ml Rotwein, 200 ml Wild- oder Gemüsefond,
8 Zwiebeln, 2 Karotten, 2 Stangen Staudensellerie,
1 Prise Chiliflocken, je 1 Prise Nelke und Piment (gemahlen),
1 Lorbeerblatt, 1 Sternanis,
Salz, Pfeffer, etwas Portwein,
ungefähr 600 g Pasta, Parmesan nach Geschmack
(für 6 Personen)

Rehragout

Sollen die anderen Frühjahrsfasten- und Entgiftungskuren machen – wir kochen ein Rehragout. Von Mai an ist die Schonzeit für Rehwild vorbei. Aber keine Sorge, es werden nicht die süßen Kitze geschossen, die gerade auf die Welt gekommen sind, sondern die sogenannten Jährlingsböcke und die Schmalrehe, die also im zweiten Lebensjahr sind. Die stehen auf der mehr oder weniger willkürlichen Beliebtheitsskala der Tiere immer noch recht weit oben – vielleicht weil Rehe so sportlich und schlank sind. Sie bewegen sich viel und fressen feine Dinge wie Holunder, Löwenzahn und die jungen Triebe von Laubbäumen, kein mit Antibiotikum angereichertes Billigkraftfutter aus Brasilien, das unsere Nutztiere aus dem Leim gehen lässt. Deshalb ist Rehfleisch gesund (sofern das Tier mit bleifreier Munition geschossen wurde) und in diesem Sinne ein frühlingshaftes Essen.

Das Fleisch wird zunächst mit etwas Mehl bestäubt und dann in einem schweren Topf in Olivenöl scharf angebraten. Wenn das Fleisch eine braune Farbe angenommen hat, aus dem Topf nehmen, beiseitestellen. Karotten und Sellerie schälen und klein schneiden, Zwiebeln in Streifen schneiden und im selben Topf anschwitzen. Mit etwas Rotwein ablöschen, Fleisch wieder dazugeben, den restlichen Rotwein (eventuell etwas Portwein) und Fond dazugießen, sodass das Fleisch von der Flüssigkeit gerade bedeckt ist. Den Topf zudecken, das Ragout bei mittlerer Hitze köcheln lassen. Nach 30 Minuten gibt man die Gewürze dazu. Eine Stunde später ist das Ragout gar, das Fleisch sollte jetzt zart sein. Man schmeckt mit Salz, Pfeffer und vielleicht noch ein bisschen Portwein ab. Am besten isst man das Ragout auf Pasta, man kann außerdem etwas geriebenen Parmesan darübergeben.

½ kleine rote Zwiebel, 1 zerstoßene Knoblauchzehe,

2 EL Weißweinessig, ½ EL alter Balsamico,

4 EL Olivenöl,

400 g grüner Spargel, 200 g reife Tomaten,

1 EL Dill, 1 EL Petersilie, 1 EL Minze,

100 g junger Ziegenkäse,

Salz und Pfeffer

(für 4 Personen)

Spargelsalat

Es war ein Fleischesser, der den Vegetarismus sexy machte. (Sollte man sich für den Feminismus merken.) Yotam Ottolenghi isst gern und ziemlich oft Fleisch, serviert Fleisch in seinen vier Londoner Restaurants, wird aber auf der ganzen Welt geliebt für seine vegetarischen Rezepte, die er in Büchern (*Genussvoll vegetarisch*) und einer Kolumne im *Guardian* verbreitet (*The New Vegetarian*). Vegetarier oder nicht, da legt Ottolenghi sich nicht fest. Weitere Identitäten, die ihm zur Verfügung stehen: Seine Mutter ist Deutsche, sein Vater Italiener, er wuchs in Jerusalem auf und lebt seit fast 15 Jahren in London. Deshalb kommt er auf Kombinationen wie Linsen-Galettes mit Kreuzkümmel oder Auberginen mit Buttermilch und Granatapfel.
Aus frischem Spargel bereitet Yotam Ottolenghi einen Salat mit Tomatensalsa und Ziegenkäse zu. Womit er uns einen großen Gefallen tut, denn wir Deutsche sind vom Spargel ja wie besessen, vor allem vom weißen, aber grünen haben wir als Variante akzeptiert. Die Erntemenge stieg seit 1995 um 160 Prozent, der Spargel nimmt nun fast ein Fünftel der Gemüseanbaufläche in Deutschland ein. Nur der Kohlanbau beansprucht hierzulande noch mehr Platz.

Als Erstes wird die Zwiebel in kleine Würfel geschnitten, die mit dem Knoblauch, beiden Essigen, dem Olivenöl und etwas Salz in eine Schüssel gegeben werden. Das Ganze soll eine Weile ziehen, damit die Zwiebel und der Knoblauch weich und milder werden. Grüner Spargel wird nicht geschält, man entfernt nur die holzigen Enden. Dann wird er für 2 Minuten in kochendes Wasser gelegt und schließlich in eiskaltem Wasser abgeschreckt. Trocken tupfen.
Eine Grillpfanne richtig heiß werden lassen und den Spargel darin quer zu den Rillen für 2 Minuten von beiden Seiten anbraten. Vom Herd nehmen und abkühlen lassen.
Jetzt werden die Tomaten geviertelt. Die Kerne entfernen und die Tomaten dann in Würfelchen schneiden. Zusammen mit dem Dill, der Petersilie und der Minze zu den marinierten Zwiebeln geben, salzen und pfeffern und vorsichtig vermengen. Den Spargel auf dem Teller mit der Tomatensalsa anrichten. Dann Ziegenkäse, der noch recht jung sein sollte, darüberbröseln.

4 Gurken, ½ Knoblauchzehe,
2 EL Sojasauce, 1 EL Essig,
1 EL Zucker, 1 TL Sesamöl,
½ Chilischote (ohne Kerne, geschnitten),
weiße Sesamsaat (ohne Fett in
der Pfanne geröstet)
(für 4 Personen)

Chinesischer Gurkensalat

Anlässlich der bevorstehenden Europawahl befassen wir uns mit dem Lieblingsgemüse der Europaskeptiker, der Gurke. In der Politik geht es um Gefühle. Versuchen wir es trotzdem mit Argumenten: Die viel kritisierte EU-Verordnung zur Gurkenkrümmung ist seit Jahren nicht mehr in Kraft. Seither legt die EU keine Güteklassen mehr für Gurken fest, und eine krumme Gurke ist so viel wert wie eine gerade. Allerdings nehmen die fünf Supermarktketten, die sich in Deutschland rund 90 Prozent des Marktes teilen, den Bauern trotzdem nur gerade Gurken ab. Die krummen landen auf dem Müll, aus dem einfachen Grund, dass sie sich nicht so leicht in Kisten verpacken lassen. Gegen diese Lebensmittelverschwendung könnte die EU was machen, aber das erkläre mal einer den Wutprofessoren von der AfD.
Was kann man nun mit diesen geraden Gurken anfangen? National denkende Köche entscheiden sich vielleicht für einen klassisch deutschen Salat, indem sie die Gurken in Sahne baden, eine wunderbare Beilage zu Wurst. Wer keine Angst vor Überfremdung hat, versucht es mal mit einem Gurkensalat nach chinesischem Rezept.

Dazu werden die ungeschälten, gewaschenen Gurken zunächst – andere Länder, andere Sitten – mit einem flachen Gegenstand geschlagen, bis sie längs in drei oder vier Teile auseinanderbrechen. Man kann dazu ein breites Messer oder ein Schneidbrett nehmen. Eine konstruktive Möglichkeit, mal ein bisschen Dampf abzulassen, und die Gurke schmeckt weniger wässrig. Die Enden abschneiden. Die Gurkenteile am besten diagonal in 2 cm große Stücke schneiden. In eine Schüssel geben. Knoblauch zerdrücken und auf die Gurken geben. Ein Dressing anrühren aus Sojasauce, Essig, Zucker, Sesamöl und Chili, über dem Salat verteilen und eine halbe Stunde ziehen lassen. Vor dem Servieren Sesam darübergeben.

Sommer

2 Eiweiß,

70 g Puderzucker plus weitere

20 g für die Schlagsahne,

70 g Haselnüsse, 400 g Erdbeeren,

250 ml Schlagsahne

(für 3–4 Personen)

Erdbeeren mit Haselnussbaiser

Nehmen Sie geschlagene Sahne, ein paar Erdbeeren, zerbröseltes Baiser, verrühren Sie alles in einer Schüssel – so einfach ist Kochen in England! Diese Erdbeer-Süßspeise heißt nach dem Eton College in der Grafschaft Berkshire *Eton Mess*, was übersetzt so viel wie »Etoner Sauerei« bedeutet. Sie wird in dem Internat zum jährlichen Kricket-Turnier gegen ein anderes teures Internat gegessen. Die Erdbeerpampe sieht nicht besonders fein aus, aber die Engländer finden, dass das unstrukturierte Tellergericht völlig zu Unrecht einen schlechten Ruf hat.

Haselnüsse in das Baiser zu geben ist eine Idee aus Niki Segnits Buch *Der Geschmacksthesaurus*. Haselnüsse, schreibt sie, passten besser zu Erdbeeren als Schokolade. Man röstet die Nüsse ohne Fett in der Pfanne an, schält sie und hackt sie grob. Sie werden unter das mit 70 g Puderzucker steif geschlagene Eiweiß gehoben. Je 2 bis 3 Esslöffel große Portionen von dem Eischaum auf ein mit Backpapier ausgelegtes Backblech geben. Bei 150 Grad eine Stunde lang im Ofen backen und dann auskühlen lassen. Erdbeeren schneiden – das können Sie ohne Anleitung, Sahne schlagen auch. Nicht vergessen, den restlichen Puderzucker unterzurühren. Erdbeeren in eine Schüssel geben, die Sahne kommt darauf, schließlich das Baiser zerbröseln und darüber verteilen. Auch wenn es Ihnen schwerfällt: Es wird jetzt einmal kräftig umgerührt. Befreien Sie sich von der Vorstellung, dass Desserts immer mit Präzision zu tun haben müssen. Auch das Garnieren mit einem Minzblatt können Sie sich heute mal sparen.

400 g Erdbeeren,

1 Burrata,

Salz und Pfeffer,

etwas Olivenöl,

etwas Balsamicoessig,

1 EL Minze oder

Basilikum (gehackt)

(für 2 Personen)

Erdbeeren und Burrata

Von wenigen Moden des Alltags bleibt etwas übrig, wenn sie einmal vergangen sind, andere verändern den Lauf der Dinge. Yves Saint Laurents Partyhose – glitzernd, feierlich, aber kein Kleid – brachte in den Siebzigerjahren die Sache der Frau entscheidend voran. Beim Trendkäse Burrata, dem köstlichen Frischkäse aus Italien, muss sich noch zeigen, ob er eine Bedeutung für unsere und kommende Gesellschaften hat. Vielleicht wird man uns auch belächeln für die Begeisterung, mit der wir im Jahr 2012 diesen sahnigen Käse in allen möglichen Varianten und Kombinationen aßen. Zum Beispiel als Salat mit Erdbeeren und einem Dressing aus Olivenöl und Balsamico. Schon gibt es in Hamburg eine Burrateria, in der man Burrata-Menüs mit dem iPad bestellen kann. (Die Restaurantbesitzer haben alle Tipps ihrer Trendberater befolgt.) In Andria in Apulien dagegen, woher die Burrata kommt, kennt man keine auf Frischkäse spezialisierten Restaurants. Die Käsesorte wurde dort Anfang des 20. Jahrhunderts erfunden, weil man nach einer Möglichkeit suchte, Butter länger frisch zu halten. Sie wurde in eine Tasche aus Mozzarellateig gesteckt. Heute wird Burrata hergestellt, indem man Kuhmilch mit Lab eindickt und die in der heißen Molke entstandenen Klumpen zu Fäden zieht. Sie werden in eine Mozzarellatasche gefüllt und mit dickem Rahm übergossen. Dann wird die Tasche verschlossen, damit die Burrata reifen kann. Man hat in Andria beinahe schon wieder vergessen, dass man einst einen Modekäse erfunden hat. Die Einwohner sind dort stattdessen stolz auf den berühmtesten Sohn der Stadt, Lino Banfi, einen dicken, glatzköpfigen Schauspieler, der in den sogenannten *commedia sexy* der Siebziger- und Achtzigerjahre mitspielte, den beliebten italienischen Softpornos mit Slapstickelementen wie zum Beispiel *Flotte Teens jetzt ohne Jeans.*

Die Erdbeeren sollten sehr süß sein. Am besten nimmt man einheimische Früchte, die es im Sommer auf den Märkten gibt. Die Erdbeeren werden vorsichtig geputzt, dann werden sie geviertelt und in eine Schüssel oder auf einen größeren Teller gegeben. Die Burrata legt man auf die Erdbeeren und teilt sie in zwei oder drei Teile. Dann läuft die sahnige Füllung wahrscheinlich schon über die Erdbeeren. Man gibt etwas Salz und Pfeffer darüber sowie Olivenöl und Balsamico. Gutes Öl und guter Essig sind hier sinnvoll. Zum Schluss streut man darüber Minze oder Basilikum.

150 g Shrimps, etwas Sonnenblumenöl,

2 Frühlingszwiebeln (das Grüne und das Weiße in Ringe geschnitten),

1 kleines Stück Ingwer (geschält und gehackt),

120 g gekochter Reis (am besten vom Vortag),

2 Eier, 100 g gepalte frische Erbsen, etwas Sojasauce

(für 2 Personen)

Gebratener Reis mit Shrimps und frischen Erbsen

Man kann stolz auf sich sein, wenn es einem gelungen ist, für seine Freunde ein mehrgängiges Abendessen zu kochen. Eine schöne Leistung! Noch schöner ist es aber, am nächsten Tag, allein, verkatert, im Bademantel, die Reste aufzuessen. Denn viele Speisen werden auf wundersame Weise über Nacht noch besser. Ein Schmortopf zum Beispiel. Kalte Pizza ist so gut, dass man sich fragt, warum sie überhaupt noch warm gegessen wird. Das hat mit Normen zu tun, die man ruhig mal umkehren kann. So wie manche Leute ja nur deshalb ein Konzert klassischer Musik besuchen, um in den Genuss des sogenannten Konzertschlafs zu kommen: um im Halbdunkel vor sich hin zu schlummern, während der Kopf sanft auf die Schulter des geduldigen Begleiters sinkt. Gekochter Reis trocknet über Nacht ein wenig aus, weshalb er sich zum knusprigen Anbraten eignet. Es lässt sich daraus ein Essen machen, das die Restaurants der chinesischen Diaspora in Europa und Amerika als *fried rice* bezeichnen.

Dazu werden erst Shrimps in etwas Sonnenblumenöl kurz angebraten. Man nimmt sie aus der Pfanne, stellt sie beiseite. In derselben Pfanne schwitzt man wieder in etwas Sonnenblumenöl das Weiße der Frühlingszwiebeln und Ingwer an. Den Reis dazugeben und braten, bis er knusprig ist. Man schiebt den Reis an den Rand der Pfanne und brät die verquirlten Eier auf der anderen Pfannenseite wie ein Rührei an. Wenn sie gestockt sind, mit dem Reis vermengen. Die gepalten Erbsen dazugeben sowie Sojasauce und die Shrimps. Bei kleiner Hitze und unter Rühren weitergaren. Die Erbsen sollten noch Biss haben. Vor dem Servieren mit Salz und Pfeffer abschmecken und das Grüne der Frühlingszwiebeln darübergeben.

2 Handvoll Erbsen in der Schote,

2 Handvoll Dicke Bohnen in der Schote,

etwas Olivenöl,

Saft von ½ Zitrone,

2 EL gehackte Minze,

130 g Feta

(für 2 Personen)

Salat aus Erbsen und Dicken Bohnen

Erdbeerzeit, Spargelzeit, alles schön und gut, aber warum gibt es keine Erbsenzeit? Sie würde jetzt beginnen, gemeinsam mit der Dicke-Bohnen-Zeit. An jeder Ecke würde es Gerichte mit Erbsen und Dicken Bohnen geben. Statt der Erdbeerhäuschen würde es hier in Berlin Erbsenhäuschen geben. Es wäre die schönste Zeit des Jahres, und nach ein paar Wochen wäre sie wieder vorbei. Vielleicht findet man Erbsen so selten auf den Speisekarten der Restaurants, weil Erbsen zu viel Arbeit machen. Einzeln muss man sie aus der Schote klauben. Die Zubereitung von Dicken Bohnen ist noch aufwendiger: Zunächst palt man sie, holt sie also aus der Schote. Dann werden sie in kochendes Wasser gegeben, sodass sich die zweite Haut, die die Bohne umschließt, leicht lösen lässt.

Weil so viel Gemüsearbeit die meisten Feierabendköche schon an die Grenze ihrer Geduld bringt, geht es mit diesem Salat sehr einfach weiter: Die gepalten Erbsen werden ebenfalls kurz in einen Topf mit kochendem Wasser gegeben. Dann schreckt man sie ab. Erbsen und Bohnen in eine Salatschüssel geben, mit etwas Olivenöl, Zitronensaft, Salz und Pfeffer anmachen. Zum Schluss gehackte Minze und zerbröselten Feta darüber verteilen. Dazu passt getoastetes Brot, und ein Glas kühler Weißwein schadet sicher auch nicht.

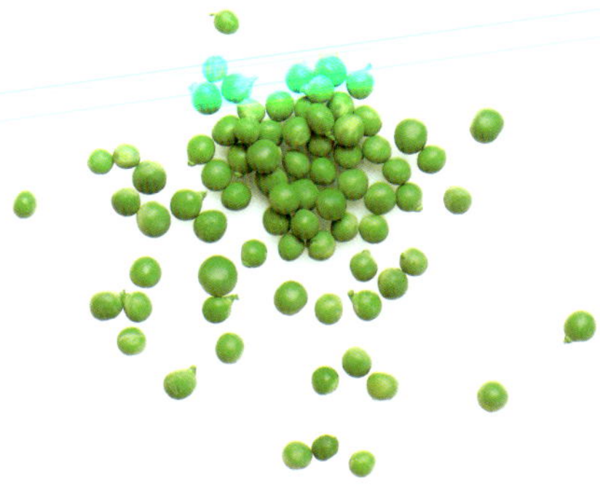

1,2 kg Kalbfleisch aus der Schulter
(in 5 cm große Würfel geschnitten),
50 g Butter, 1 EL Mehl,
150 ml Weißwein, 1 l Gemüsebrühe,
3 Schalotten, 2 Lorbeerblätter, 2 Thymianzweige,
2 Stängel Petersilie,
eine Prise gemahlene Nelke, Salz, Pfeffer,
100 g Zuckerschoten, 100 g Erbsen,
4 Karotten (in Streifen geschnitten),
2 EL Crème fraîche, Saft von 1 Zitrone
(für 6 Personen)

Kalbsragout

Einige männliche Leser beklagen sich in ihren Zuschriften darüber, wie wenig Fleisch in dieser Rubrik serviert werde. Typisch *Zeit*, »Führungsblatt des feminisierten Journalismus«, wie ein Kolumnist es neulich ausdrückte. Den Vorwurf der Zimperlichkeit wollen wir gern entkräften und präsentieren diesmal ein schönes, deftiges Kalbsragout. Das ist ein weißer Schmortopf, der am besten mit einem von Sehnen durchzogenen Stück aus der Schulter des Kalbs zubereitet wird.

Das Fleisch wird in Butter kurz angebraten. Man gibt das Mehl dazu und schwitzt das Ganze an. Mit Weißwein wird abgelöscht, dann kommt die Brühe dazu. Jetzt werden die längs geviertelten Schalotten hinzugegeben sowie Lorbeer, Thymian, Petersilie und Nelke. Etwas salzen und pfeffern. Der Schmortopf köchelt für eineinhalb Stunden vor sich hin. Währenddessen achtet man darauf, dass das Fleisch immer mit Flüssigkeit bedeckt ist. Gegen Ende der Garzeit werden Zuckerschoten, Erbsen und Karotten separat blanchiert oder gedämpft, wobei eine Gemüsesorte allein einigen geschmacklich auch reichen wird. Das Gemüse zum fertig gegarten Ragout geben. Mit Crème fraîche und Zitronensaft kurz vor dem Servieren abschmecken.

1 Handvoll grüne Bohnen,
4 neue Kartoffeln, 4 kleine Tomaten,
200 g frisches Thunfischfilet, 4 Sardellen,
2 hart gekochte Eier, ein paar Basilikumblätter
Für das Dressing:
3 Frühlingszwiebeln,
4 EL Olivenöl, 1 EL Essig, etwas Zitronensaft,
1 TL Dijon-Senf, Salz, Pfeffer
(für 2 Personen)

Salade Niçoise

In loser Folge rehabilitieren wir hier Gerichte, die sich unter dem Begriff »Verhunzte Klassiker« zusammenfassen lassen. Der Nizzasalat zum Beispiel lebt heute in einer Plastikschachtel im Kühlregal des Rewe-Markts: ein paar grüne Blätter, darauf ein Haufen Dosenthunfisch und eine einzelne Olive, die daran erinnern soll, dass dieser Salat einer war, der seine Erfinder vom Sommer an der Küste träumen ließ. Offenbar entstand der Salade Niçoise nämlich gar nicht in Nizza, am Meer, sondern Ende des 19. Jahrhunderts in Paris, wo die Leute im Gegensatz zu den Küstenbewohnern eine verträumte Vorstellung vom Meer hatten. So wie die Figuren bei Anton Tschechow sich etwa zur selben Zeit Moskau schöner vorstellten, als es wohl war.

Statt Dosenthunfisch nimmt man also ein frisches Filet, das nur kurz in etwas Öl in der Pfanne angebraten wird. Nach Möglichkeit ist es innen noch fast roh. Um den Fisch herum richtet man die Zutaten auf einem großen Teller so an, dass nicht gleich ein Chaos daraus wird: die gegarten grünen Bohnen, die noch Biss haben; die Kartoffeln, gekocht, gepellt, geviertelt; die geviertelten Tomaten; die Eierspalten; die Sardellen. Ein paar Oliven können nicht schaden.
Dann gibt man das Dressing darüber. Es besteht aus Olivenöl, Essig, vielleicht etwas Zitrone, Salz, Pfeffer und Senf. Diese Zutaten verrühren, in feine Ringe geschnittene Frühlingszwiebel dazugeben. Zum Schluss verteilt man die Basilikumblättchen auf dem Salat.

Pflanzenöl, ½ TL Senfkörner,
2 Knoblauchzehen, ein 1 cm großes Stück Ingwer,
1 frische grüne Chilischote (in Scheiben geschnitten),
1 Zwiebel (gehackt), ½ TL Gelbwurz,
½ TL gemahlener Koriander, 200 g Kartoffeln
(je nach Dicke in Würfel oder 0,5 cm dicke Scheiben geschnitten),
150 g grüne Bohnen (in 1–2 cm große Stücke geschnitten),
3 EL Kokosraspel, 250 ml Kokosmilch,
Salz, frischer Koriander
(für 1–2 Personen)

Curry mit Kartoffeln, Bohnen und Kokos

Manchmal werde ich gefragt, ob ich nachkoche, was hier in der Rezeptkolumne vorgestellt wird. Offenbar gehört Kochen heute so wenig zum Alltag, dass man sich nicht einmal eine kochende Kochkolumnistin vorstellen kann. Ich gebe zu, Kochen ist schwierig und oft nervig. Wie viele Stunden meines Lebens habe ich mit leerem Gesichtsausdruck neben einer Pfanne gestanden, in der Gemüse endlich mal weich werden sollte? Kochen erfordert Geduld und Konzentration, und das sind nicht die Eigenschaften, die spätere Generationen unserer Zeit als typisch zuschreiben werden. Viel soziale Anerkennung gibt es auch nicht für das tägliche Abendessenzubereiten. Aber andererseits: So schwierig ist Kochen auch wieder nicht. Dieses Currygericht zum Beispiel verlangt keinerlei Begabung. Am Ende schmeckt es, was an den Gewürzen und an der Kokosmilch liegt. Es handelt sich um ein Grundrezept für indisches Curry, das in dieser Jahreszeit um neue Kartoffeln und grüne Bohnen ergänzt wird.

In der Pfanne werden Senfkörner in Öl erhitzt. Wenn sie zu springen anfangen, gibt man Knoblauch, Ingwer, Chili und Zwiebel dazu. Unter Rühren 7 Minuten lang braten, auf niedrige Hitze schalten, damit nichts anbrennt. Gelbwurz und Koriander untermengen. Kartoffeln und Bohnen hinzufügen sowie Kokosraspel. Die Kokosmilch nach und nach dazugießen, eventuell weniger als angegeben, denn das Curry sollte nicht zu flüssig werden. Köcheln lassen, bis Kartoffeln und Bohnen gar sind und die Kokosmilch eingedickt ist. Das sollte 20 Minuten dauern, die Sie damit verbringen, aus dem Küchenfenster zu starren oder das Koriandergrün zu waschen, zu trocknen und grob zu hacken – eine Tätigkeit, die mich persönlich zu Tode langweilt, die ich aber immer und immer wieder ausführe, denn das Kochen lehrt die Einsicht, dass Langeweile und Wiederholung leider zum Leben dazugehören.

450 g festkochende Kartoffeln,

1 Ei, 2 EL Mehl,

100–150 ml Pflanzenöl,

1 TL Salz, etwas Pfeffer,

½ Becher saure Sahne,

5 TL Kaviar vom Lachs oder Saibling

(für 5 Stück)

Kartoffellatkes

Während Deutschland letztes Jahr zur EM 2012 seine Autos und Balkone mit schwarz-rot-goldenen Fahnen dekorierte, fand in Berlin das Jüdische Filmfestival statt. Es gibt keinen direkten Zusammenhang außer den, dass Karten relativ leicht zu bekommen waren. Man konnte im Dokumentarfilm *Oma & Bella* die Bekanntschaft von Regina Karolinski und ihrer Freundin Bella Katz machen, beide über 80. Sie wohnen zusammen in Berlin-Charlottenburg und kochen jeden Tag die Gerichte ihrer Kindheit in Polen und Litauen. Sie verloren ihre Familien im Holocaust, überlebten und kochten weiter. Der Film, gedreht von Alexa Karolinski aus Enkelinnenperspektive, berührte einen irgendwie noch mal anders als die auch erschütternde Tatsache, dass Mario Balotelli Deutschland aus der EM warf.
Die Rezepte der beiden sind jetzt als Kochbuch erschienen (hier erhältlich: omabella.com). Man erfährt darin unter anderem, dass die osteuropäisch-jüdische Küche vor allem als Grundlage im Magen fürs Wodkatrinken dient. »Niemals Wodka auf leeren Magen« war der Ratschlag, den Alexa Karolinski bereits als Zwölfjährige von ihrer Großmutter erhielt. Bei diesem Rezept für deftige Kartoffellatkes, auch Kartoffelpuffer genannt, gilt andersherum, dass ein Wodka dazu sicher nicht schaden kann.

Die Kartoffeln werden geschält und gerieben. In einem Sieb 15 Minuten lang abtropfen lassen. In einer Schüssel mit Ei, Mehl, Salz und Pfeffer vermengen. Öl in der Pfanne erhitzen, einen handflächengroßen Pfannkuchen formen und mit dem Pfannenheber ins heiße Öl geben. Ein paar Mal wenden, bis die Latke goldbraun ist. Diesen Vorgang mit dem restlichen Teig wiederholen. Es schmeckt dazu Apfelmus, besser aber noch ist die Variante mit saurer Sahne und Kaviar.

5 Eier, 190 g Zucker, 65 g Mehl,
0,5 l Sahne, 1 Vanilleschote,
3 Bananen, 20 g Butter,
100 g Himbeeren, 100 g Schokolade
(Vollmilch oder Zartbitter),
50 g Mandelsplitter,
etwas Puderzucker, Minze
(für 5–6 Personen)

Himbeer-Schokoladen-Clafoutis

Im Café Claus in Paris, wo sogar Modeleute bereit sind, Kalorien aufzunehmen, gibt es ein Clafoutis mit Bananen, Himbeeren und Schokolade. Der Besitzer, der seit Jahren in Paris lebende Deutsche Claus Estermann, besitzt die Kühnheit, den Parisern diesen reichhaltigen Dessertauflauf zum Frühstück zu servieren. Denn der Zweck seines Cafés im Ersten Arrondissement sei kein anderer als der, sagt er, den Franzosen die deutsche Tugend des üppigen Frühstücks beizubringen. Ließe man Kinder kochen, sie schmissen wahrscheinlich auch Himbeeren, Bananen und Schokolade zusammen, um dann einen Teig darüberzukippen, der quasi aus nichts als Sahne, Zucker und Eiern besteht. Normalerweise wird ein Clafoutis, ein Klassiker der französischen Küche, mit Steinobst wie Kirschen, Aprikosen und Pflaumen zubereitet. Das ist natürlich ein bisschen eleganter. Doch das scheinbare Durcheinander der Aromen eines Claus-Clafoutis ist in Wirklichkeit eine gekonnte Kombination, die von ihrem leicht regressiven Charme lebt.

Die Eier und der Zucker werden gut verrührt. Vorsichtig mischt man das Mehl und die Sahne unter. Die Vanilleschote lässt sich mit einem scharfen Messer längs öffnen, das Mark wird herausgekratzt und zum Teig gegeben. Mit einem Schneebesen sorgt man dafür, dass sich keine Klümpchen bilden. Dann werden die Bananen geschält. Sie werden in Scheiben geschnitten und in der Pfanne mit etwas Butter goldgelb gegart. Allein wegen des Dufts, der dann durch die Küche zieht, lohnt es sich, dieses Rezept auszuprobieren. Zum Backen des Clafoutis nimmt man eine große Auflaufform (ersatzweise auch mehrere kleine). Zunächst wird das Behältnis gebuttert. Man gibt die Himbeeren, die Bananen und die in Stücke gebrochene Schokolade dazu, zum Schluss die Mandelsplitter. Der Teig wird darübergegossen, sodass ungefähr noch ein Viertel des Rands frei bleibt (der Teig geht beim Backen etwas auf). Im Ofen backt das Clafoutis bei 170 Grad ungefähr 25 Minuten lang. Dann hat es die köstliche Konsistenz eines misslungenen Pfannkuchens. Lauwarm lässt das Clafoutis sich leicht aus der Form nehmen. Es fehlen noch Puderzucker und ein Minzblatt, das gut darauf aussieht.

2 Eier, 40 g Zucker,

200 ml Sahne,

1½ TL Grünteepulver,

ein paar Himbeeren

(für 2–3 Personen)

Grünteeparfait

Dieses Grünteeparfait ist so gut, dass ich mich kaum auf etwas anderes konzentrieren kann, während es in meinem Tiefkühlfach zu seiner unverwechselbaren Konsistenz findet: Außen ist es gefroren, innen noch cremig. Aber man soll sich ja nicht selbst loben. Das abschließende Urteil überlasse ich meinen strengen Lesern. Für die Zubereitung des Parfaits braucht man keine Eismaschine. Gelatine oder Ähnliches wird nicht benötigt, und es wird auch nichts im Wasserbad gerührt. Man braucht nur zu Pulver gemahlenen Grüntee, genannt Matcha, erhältlich in Teeläden und im Internet. Dann werden ein paar Zutaten zusammengerührt: eine simple Kochtechnik, die jeder beherrscht.

Die Eier werden getrennt. Zunächst Eigelbe und die Hälfte des Zuckers mit dem Schneebesen schaumig rühren. Das Grünteepulver untermengen. Die Sahne steif schlagen und unter die Eigelbmasse heben. Eiweiß mit dem übrigen Zucker steif schlagen. Zur Eigelb-Sahne-Mischung geben. Die Masse in einer Kastenform oder auf mehrere kleine Schüsseln verteilen. Das Parfait ungefähr 6 Stunden tiefkühlen. Himbeeren passen gut dazu, vor allem auch farblich.

2 Entrecôtes, Öl zum Braten,
3 Handvoll Rucola, Salz, Pfeffer,
Olivenöl, Zitronensaft,
Balsamico, etwas Parmesan
(für 2 Personen)

Tagliata

Dies ist streng genommen kein Rezept, sondern nur eine Erinnerung daran, dass gebratenes Fleisch und Salat sehr gut zusammenpassen. Der eine oder andere, der schon zu viele Salate mit Putenbruststreifen gegessen hat, weiß das vielleicht nicht mehr. Vergessen Sie die Puten, braten Sie stattdessen ein Rindersteak, am besten ein Entrecôte und am besten so, dass es innen noch blutig ist. Schneiden Sie es in Scheiben, servieren Sie dazu dezent angemachte Rucolablätter, wie sie im Sommer in großen Büscheln auf dem Markt erhältlich sind. Nennen Sie das Ganze Tagliata, wie die Italiener es tun, und freuen Sie sich, dass Sie von der Tradition der Mittelmeerküche profitieren dürfen und eigentlich nichts neu erfinden müssen, um gut zu essen.
Weil das Fleisch bei diesem Gericht eine wichtige Zutat ist, wäre dies ein guter Moment, in sich zu gehen und sich zu fragen: Wie viel ist ein Stück Fleisch mir wert? Wer es noch nicht ausprobiert hat, könnte jetzt in Weidefleisch investieren. Das ist nicht Biofleisch, sondern Fleisch von Rindern, die Gras und Heu und kein (oder nur wenig) Kraftfutter fressen. So ein Entrecôte kostet deutlich mehr als das, was Supermärkte anbieten. Aber es schmeckt besser: Wenn Sie Glück haben, schmeckt es so gut, dass Sie sich noch am nächsten Tag an das Aroma erinnern können. Weidefleisch liefert außerdem wertvolle Nährstoffe, die in Kraftfutterfleisch nicht enthalten sind. Und es musste kein Regenwald dafür gerodet werden.

Das Steak sollte, wie Sie vielleicht wissen, Zimmertemperatur haben, wenn es in die Pfanne kommt. Die Pfanne ist nicht beschichtet, sondern gusseisern oder aus Edelstahl. Das Öl, das Sie darin erhitzen, ist sehr heiß, wenn Sie das Entrecôte hineingeben. Pro Zentimeter Dicke eine Minute auf jeder Seite braten. Salzen und pfeffern. Der Rucolasalat wird mit Balsamico, Zitronensaft, Salz, Pfeffer und Olivenöl angemacht. Parmesan darüberhobeln und mit dem aufgeschnittenen Entrecôte servieren.

8 kleine (italienische) Artischocken,
100 g Parmesan,
6 EL Olivenöl, 20 g Pinienkerne,
4 Knoblauchzehen,
1 Bund glatte Petersilie,
Salz und Pfeffer, ⅛ l Wasser
(als Vorspeise für 4 Personen)

Gefüllte Artischocken

Heidelberg ist eine kleine Stadt, in der es viele italienische Gemüsehändler gibt, wie Buon Appetito in der Rathausstraße. Das hat etwas schön Altmodisches. Denn die kulinarische Avantgarde hat das Italienische längst überwunden, ähnlich vielleicht wie die abstrakte Malerei einst das Figürliche. In Großstädten kann heute schon ein fünfjähriges Kind ein koreanisches Menü in der richtigen Reihenfolge bestellen. Die Besitzerin von Buon Appetito, Patrizia Cozzolino, hält ein Rezept für ihre Artischocken bereit, das auch dem weit gereisten kleinen Gaumen der Großstadtkinder genügen wird. Statt französische Artischocken in Wasser zu kochen und mit Vinaigrette zu essen (auch lecker), rät Cozzolino dazu, kleine italienische Artischocken zu füllen, und zwar mit einer Paste aus Parmesan, Knoblauch und Petersilie.

Zunächst die Artischocken waschen, Stiele entfernen. Wer will, schneidet das obere Drittel der Köpfe ab. Für die Füllung Parmesan reiben, mit Olivenöl vermengen und zusammen mit Pinienkernen, Knoblauchzehen, Petersilie und etwas Salz und Pfeffer mit dem Pürierstab zu einer groben Paste zerkleinern. Die Artischocken mit der Paste füllen, dafür nimmt man am besten die Hände: Die Blätter werden etwas auseinandergezogen, die Paste gibt man in die Zwischenräume. Artischocken in einem Topf mit Wasser nebeneinandersetzen, bei geschlossenem Deckel etwa 30 Minuten auf kleiner Flamme dämpfen.
Die Blätter isst man, wie man es von großen Artischocken kennt. (Man wird wohl eine Serviette brauchen.) Gelangt man zum Boden der Artischocke, stellt man beglückt fest, dass das Heu mitgegessen werden kann.

2–3 kleine Zwiebeln, 1 TL Kumin, etwas Olivenöl,
3 Biopaprikaschoten (rot und gelb),
1–2 TL Zucker, 2 Lorbeerblätter, 1 TL Oregano,
2 Merguezwürste (optional), 1 Dose geschälte Tomaten,
½ kleine Chilischote (in Ringe geschnitten, ohne Kerne),
Pfeffer, 2–4 Eier, etwas Petersilie (gehackt)
(für 2 Personen)

Shakshuka

Für die bunten Dreierpackungen Paprika, die es im Supermarkt für 80 Cent zu kaufen gibt, werden den Schoten oft Wachstumsregulatoren beigegeben: So reift in einem kalten spanischen Winter die grüne Frucht schneller zu einer gelben oder roten. Außerdem werden immer wieder Pestizidrückstände gefunden. Man muss sich also nicht wundern, dass der Durchschnittspaprika aus konventioneller Landwirtschaft praktisch auch nach nichts schmeckt.
Das ist die dunkle Seite des modernen Paprika. Das Schöne am Paprika ist, dass er sich mit Tomaten, Zwiebeln und Chili zu einer schönen Sauce verbindet, in der man Eier pochieren kann: Das Ganze nennt man Shakshuka. In Israel ist das ein Frühstück, und es gibt unzählige Variationen des Grundrezepts. Man kann Feta, Auberginen, Spinat dazugeben oder eine Merguez, eine Lammbratwurst, das wäre dann das mediterrane Äquivalent zum *full English breakfast*. Mit Weißbrot eignet sich ein Shakshuka aber auch gut als Abendessen.

Die Zwiebeln in Streifen schneiden und in Olivenöl mit Kumin glasig dünsten. Paprika, in Streifen geschnitten, dazugeben. 10 Minuten lang braten, bis der Paprika etwas Farbe angenommen hat. Dabei oft rühren. Es kommen Zucker, Lorbeerblätter, Oregano dazu sowie die Merguez, die man eventuell zerteilt hat. Ablöschen mit den Tomaten. Chilischote, Pfeffer und Salz dazu. 15 Minuten lang bei mittlerer Hitze köcheln lassen, bis die Sauce etwas eindickt und der Paprika weich ist. Dann die rohen Eier vorsichtig in die Sauce gleiten lassen. Bei niedriger Hitze die Eier durchgaren – es dauert ungefähr 10 Minuten. Zum Schluss etwas Petersilie darübergeben.

3 Fenchelknollen, Olivenöl,
½ TL Fenchelsamen,
4 Wacholderbeeren, Salz und Pfeffer,
Abrieb von 1 Zitrone (und etwas Saft),
4 Lammkoteletts,
Butterschmalz oder erhitzbares Öl
(für 2 Personen)

Lammkotelett mit gebackenem Fenchel

Eine Fenchelknolle sieht eigentlich so nett und freundlich aus, dass man sich fragt, warum die Italiener aus ihrer Bezeichnung für das Gemüse, *finocchio*, ein Schimpfwort für Schwule gemacht haben. Vielleicht gibt es dazu eine Anekdote zu erzählen, vielleicht auch nicht. Die Knolle ist, im Ofen jedenfalls, eine köstliche Beilage zum Beispiel zu einem Lammkotelett.

Zunächst werden die Stiele und die unteren Enden der Fenchelknollen abgeschnitten, die dicke äußere Schicht vorsichtig entfernen. (Das Grün kann man später auf den gebackenen Fenchel geben.) Die Knollen in 1 cm dicke Scheiben schneiden, Scheiben nebeneinander in eine feuerfeste Form legen. Olivenöl darüber verteilen, ebenso die Fenchelsamen sowie die Wacholderbeeren, die man mit der Rückseite eines Löffels zerdrückt hat. Salzen und pfeffern. Im auf 190 Grad vorgeheizten Backofen für 30 bis 40 Minuten garen, bis der Fenchel weich ist – er soll eine schöne braune Farbe haben, aber nicht verbrannt sein. Wer mag, gibt geriebene Zitronenschale über den Fenchel, wenn er aus dem Ofen kommt. Ein paar Spritzer Zitronensaft können nicht schaden.
Zum Ende der Garzeit die Lammkoteletts braten. Am besten schmeckt es, wenn man die Grundregeln des Steakbratens beachtet. Das Fleisch sollte Zimmertemperatur haben, man nimmt es 1 Stunde vor der Zubereitung aus dem Kühlschrank. Die Pfanne sollte unbeschichtet sein, also aus Edelstahl oder gusseisern. Das Fett in der Pfanne – Butterschmalz oder ein erhitzbares Öl – sollte richtig heiß sein. Das Fleisch erst wenden, wenn es sich leicht vom Pfannenboden lösen lässt. Die Bratzeit hängt von der Dicke des Fleisches ab: Für ein medium gebratenes Kotelett rechnet man pro Zentimeter 1 Minute Bratzeit für jede Seite.

3 Aprikosen, 80 g Amaretti,
1 EL Aprikosenkonfitüre, 1 EL Amaretto,
120 g Butter, 120 g Zucker,
4 Eigelb, 1 Ei, 5 g Vanillezucker,
200 g Mehl (Typ 00), 50 g Speisestärke,
20 g Backpulver, Schale von 1 Biozitrone, Puderzucker
Für die Karamell-Aprikosen:
6 Aprikosen, 200 g Zucker,
400 ml Mineralwasser (mit Kohlensäure),
20 g Speisestärke, 50 g Butter,
Saft von 1 Zitrone, 2 EL Zitronenlikör
(für 6 Personen)

Aprikosentörtchen

In Italien gibt es weniger Drei-Sterne-Restaurants als in Deutschland. Dafür wurde dort das Slow Food erfunden, eine ursprüngliche Küche, die allerdings in der Zubereitung fast so aufwendig ist wie die Sterneküche, was man an diesem Rezept für Aprikosentörtchen erkennen kann. Es stammt von einer umbrischen Köchin namens Maria Luisa Scolastra. Wir haben es gekürzt, ursprünglich war es doppelt so lang. (Ihr Kochbuch ist im Becker Joest Volk Verlag erschienen.)

Aprikosen werden gehäutet und in Stücke geschnitten. Die Amaretti zerbröckelt man. Beides wird mit Konfitüre und Likör vermengt. Butter und Zucker schlägt man cremig, der Mischung fügt man Eigelbe, Ei, Vanillezucker, gesiebtes Mehl sowie Stärke, Backpulver und geriebene Zitronenschale hinzu. Mit der Butter-Zucker-Mischung zu einem Rührteig verarbeiten. Es sollten sich keine Klümpchen bilden. Schließlich werden die Aprikosenstücke hinzugefügt.
Den Teig gibt man in 6 Förmchen, in die man zuvor eine dünne Schicht Mehl gestreut hat (sie haben einen Durchmesser von ungefähr 8 cm und sind 2 cm hoch). Die Törtchen werden bei 160 Grad 30 Minuten lang gebacken.
Jetzt bereitet man die Karamell-Aprikosen zu. Dafür wäscht man die Früchte und schneidet sie in Spalten. In einer Pfanne werden Zucker, Mineralwasser, Stärke und Butter aufgekocht. Sobald der Zucker sich verfärbt, nimmt man die Pfanne vom Herd und gießt Zitronensaft und Zitronenlikör hinein. Zurück auf dem Herd, gibt man die Aprikosenspalten dazu und lässt sie 2 bis 3 Minuten karamellisieren. Zum Anrichten auf das Törtchen geben und mit Puderzucker bestäuben.

5 reife Aprikosen,

etwas Butter, 2–3 TL Zucker,

1 Prise Zimt, Rosmarin (optional)

(für 2–3 Personen)

Gebackene Aprikosen

Es gehört zu den Rätseln der Gegenwart, warum einige Produkte des Alltags immer besser werden und andere immer schlechter. Warum zum Beispiel kann ein Telefon von Jahr zu Jahr mehr Dinge, während eine Aprikose selbst grundlegende Fähigkeiten nicht mehr beherrscht? Das ist keine rhetorische Frage. Tatsächlich muss es doch eine Antwort geben. Lohnt es sich wirtschaftlich, Telefone schöner und besser zu machen, während es niemandem etwas einbringt, Aprikosen leckerer zu machen? Ist das Pflanzgut schlecht? Werden heute nur noch Sorten gezüchtet, die gut aussehen und sich gut im Lkw transportieren lassen, weshalb der Geschmack leidet? Eine Aprikose von heute hat jedenfalls eine schöne, ebenmäßige Haut, doch ist sie steinhart. So fest und sauer bleibt sie einige Tage – und verwandelt sich dann innerhalb weniger Augenblicke in Matsch. Wer es geschafft hat, saftige, süße Aprikosen aufzutreiben, wird sie wahrscheinlich auf dem Heimweg aus der Tüte essen. Trotzdem hier der Vorschlag, sie mit Butter und Zucker im Ofen zu backen und zu Vanilleeis zu essen.

Dazu werden die Früchte halbiert und in eine feuerfeste Form gegeben (oder auf ein mit Backpapier ausgelegtes Blech). Man verteilt Butterflocken darüber sowie Zucker und Zimt. Wer einen Rosmarinstrauch auf dem Balkon hat, pflückt ein paar Nadeln ab und gibt sie darüber. Bei 180 Grad bleibt die Form ungefähr 30 Minuten lang im Ofen, bis die Aprikosen weich sind.

1 Galiamelone oder ½ Wassermelone,

Saft von ½ Zitrone,

Wodka nach Geschmack,

Eiswürfel

(für 2 Personen)

Melonendrink

Wer hat Lust zu essen, geschweige denn zu kochen, wenn es über 30 Grad heiß ist und die Abende so lang und hell sind? Jede Minute ist kostbar, denn in nur wenigen Wochen werden wir wieder Wollpullis tragen. Deshalb hier der Vorschlag für ein Abendessen, das wichtige Nährstoffe enthält – Wodka, Vitamin C, Vitamin A, ein paar Antioxidantien – und schnell zubereitet ist: Wassermelone oder Galiamelone pürieren, mit Zitronensaft abschmecken, einen Schuss Wodka dazu sowie ein paar Eiswürfel. Und jetzt ist Schluss mit Rezeptelesen – rausgehen, trinken, in den Himmel gucken!

4 Eigelb, 25 g Puderzucker,
150 g Bitterschokolade (mindestens 70 % Kakaogehalt),
250 ml Milch, 250 ml Sahne (mit 30 % Fett),
100 g Zucker, eventuell 50 g geschlagene Sahne
(für 6–8 Personen)

Schokoladeneis

Genügsamkeit ist eine schöne Tugend, aber die Wirklichkeit sieht so aus, dass heute ein gewöhnlicher Eisbecher aus dem Supermarkt mindestens drei Toppings wie Saucen, Kekse, Stücke, Nüsse, Marshmallows enthalten muss, um wahrgenommen zu werden. Was ist aus dem einfachen Schokoladeneis geworden, das bis vor Kurzem doch mal der Gipfel des Glücks war? Es wurde weggentrifiziert vom Frozen Yoghurt mit Granatapfelhäubchen, vom Rote-Grütze-Eis, von Basilikum-Limette-Kreationen. Eine normale Eissorte wie Schokolade wird heute belächelt, als hätte sie das kulinarische Niveau eines DDR-Bohneneintopfs.
Es ist Zeit für den Gegentrend. In der Eisdiele Ballabeni in München gibt es das beste Eis der Stadt. Schlangen bilden sich vor dem Laden gegenüber dem Museum Brandhorst, Türkenstraße Ecke Theresienstraße. Das liegt unter anderem daran, dass Giorgio Ballabeni richtige Sahne und richtige Milch verwendet. Denn ein schlichtes Eis schmeckt nicht, wenn man, wie die meisten Eisdielen und die industriellen Hersteller für ihre überladenen Spezialitäten, die deutlich günstigere entrahmte Milch nimmt und dann Pflanzenfett hinzufügt.

Die Eidotter und der Puderzucker werden in einer kleinen Schüssel gut miteinander verrührt. Die Schokolade zerkleinert man sorgfältig und stellt die Stückchen beiseite. (Man sollte eine Bitterschokolade nehmen, die einem auch schmeckt, denn sie macht später das Aroma der Eiscreme aus.) Schließlich werden die Milch, die Sahne und der Zucker in einen Topf gegeben und langsam aufgekocht. Man nimmt dann den Topf vom Herd. Jetzt rührt man die Eidotter-Zucker-Mischung und die Schokoladenstücke vorsichtig hinein. Es geht weiter mit einem kalten Wasserbad: Dafür stellt man den Topf mit der Schokoladenmasse in eine größere Schüssel, die mit kaltem Wasser oder Eiswasser gefüllt ist. So kühlt das Ganze schnell ab, während die Masse schön cremig geschlagen wird.
Wer eine Eismaschine hat, lässt die Schokoladencreme darin gefrieren. Wer keine hat, muss sich nicht ärgern und hebt noch mal 50 Gramm geschlagene Sahne unter die abgekühlte, cremig geschlagene Schokoladenmasse. Diese wird dann in Silikonförmchen gegossen. Bereitet man das Eis ohne Maschine zu, hat es eher Parfaitcharakter, was aber nicht schadet.

2 Hühnchenbrustfilets, 2 Pimentkörner, 1 Lorbeerblatt,

2–3 Stangen Staudensellerie, 2–3 Frühlingszwiebeln,

100 g gekochter schwarzer Piemontreis (erhältlich in den meisten Bioläden),

100 g gekochter Basmatireis

Für das Dressing:

Olivenöl, etwas Zitronensaft,

2–3 EL Naturjoghurt, Salz, Pfeffer, 2 EL gehackter Dill,

2 EL gehackte Petersilie, 2 EL gehackter Estragon

(für 2–3 Personen)

Salat aus Huhn und Reis

Es ist ja nicht so, dass es in unserem Lieblingsland Italien keine kulinarischen Verirrungen gäbe. Mit der Kleinlichkeit des ständig Unterlegenen weisen wir auf den Insalata di Riso hin, den Reissalat. Das ist quasi eine Schüssel kalter Reis, in den Essiggurken, Paprika, Wurst, Käse und im ungünstigsten Fall noch Dosenthunfisch gegeben werden. Dabei kann ein Reissalat auch sehr gut schmecken, wenn man weniger und andere Zutaten verwendet, zum Beispiel gedämpftes Hühnchen, viele Kräuter und frischen Staudensellerie.

Die Hühnchenfilets dämpft man am besten in einem Dämpfeinsatz über köchelndem Wasser, in das man Pimentkörner und Lorbeer gegeben hat. Es dauert je nach Größe der Filets ungefähr 10 Minuten, manchmal 15 Minuten, bis die Hähnchenbrust gar ist. Man sollte den Zeitpunkt nicht verpassen, zu dem das Fleisch schon durchgegart, aber noch saftig ist. Wenn man keinen Dämpfeinsatz besitzt, pochiert man das Fleisch: Wasser mit Lorbeer, Piment und etwas Zitronensaft aufkochen. Bei niedriger Hitze das Fleisch 15 Minuten darin ziehen lassen.
Den Sellerie in Scheibchen schneiden und die Frühlingszwiebeln in Ringe. Mit den beiden Reissorten vermengen. Das Huhn in Stücke schneiden oder rupfen und dazugeben. Für das Dressing Olivenöl, Zitrone, Joghurt, Salz und Pfeffer vermengen und über den Salat geben. Noch einmal abschmecken und zum Schluss die Kräuter darübergeben.

Olivenöl, 2 Auberginen,

1 Zwiebel (gehackt),

3 Stangen Sellerie (in Scheiben geschnitten),

1 Bund Petersilie (gehackt), 2 EL Kapern,

1 EL Rosinen, 1 Dose geschälte Tomaten,

1 TL getrockneter Oregano, 2–3 EL Essig,

Salz, Pfeffer, etwas Zucker,

2 EL Mandelscheibchen oder Pinienkerne

(kurz in der Pfanne geröstet),

ein paar Scheiben geröstetes Weißbrot

(für 4 Personen)

Caponata

Der »Wochenmarkt« möchte seine Leserinnen und Leser gern spielerisch an die Einsicht heranführen, dass man sich niemals über das definieren sollte, was fehlt. Das ist eine Weisheit fürs Kochen und fürs Leben. Zur Veranschaulichung stellen wir hier ein vegetarisches – ja, sogar ein veganes – Gericht vor, das in sich vollkommen ist, als gäbe es so etwas wie Fleisch gar nicht: die Caponata. Das ist ein sizilianisches Gemüsegericht, das vor allem aus Auberginen und Tomaten besteht, eine süßsaure Note durch Rosinen, Essig und Kapern bekommt und sowohl kalt als auch warm zu geröstetem Weißbrot schmeckt.

Die Auberginen werden der Länge nach halbiert und 30 Minuten lang in kaltes Wasser eingelegt. Würfeln und in einer großen Pfanne das Olivenöl erhitzen. Die Auberginenwürfel darin dünsten, bis sie fast gar sind, aber noch nicht zerfallen. Zwiebel und Sellerie dazugeben. Ungefähr 15 Minuten lang weiterdünsten. Dann Kapern und Rosinen dazugeben sowie Tomaten, Oregano und Essig. Salzen und pfeffern. Bei kleiner Hitze soll das Ganze einkochen, was ungefähr 15 Minuten dauert. Die Caponata soll eine sämige Konsistenz haben. Am Ende wird mit Essig und etwas Zucker abgeschmeckt. Vor dem Servieren die Petersilie darübergeben. Mandelblättchen oder Pinienkerne in einer Pfanne ohne Fett rösten und ebenfalls über die Caponata geben.

2 kleine Auberginen,

Olivenöl, 1 Knoblauchzehe (gehackt),

½ kleine rote Chilischote,

500 g geschälte Tomaten,

Salz und Pfeffer,

ein paar Basilikumblätter,

80 g Ricotta salata (oder Pecorino),

300 g Pasta (zum Beispiel Penne oder Rigatoni)

(für 2–3 Personen)

Pasta alla Norma

Viele Köche verlieren beim Auberginenbraten die Geduld und servieren sie halb gar. Wenn manche Leute sagen, sie mögen keine Auberginen, meinen sie sehr wahrscheinlich diese. Wer es nicht eilig hat und die Aubergine bei ihrem langen Garprozess begleitet, den belohnt sie mit der fast sahneartigen Konsistenz und dem herzhaften Geschmack ihres Fleisches.

Für diese einfache, sizilianische Pastasauce namens »alla Norma« werden die Auberginen in ungefähr 1 cm große Würfel geschnitten. Man kann das Gemüse vorher auch längs halbieren und eine halbe Stunde in kaltes Wasser legen – das sorgt dafür, dass es beim Braten nicht so viel Fett aufsaugt. Meistens zumindest funktioniert dieser Trick ganz gut. Die Auberginenwürfel werden in einer beschichteten Pfanne in heißem Öl gebraten. Man sollte während des Garens immer wieder drei, vier Esslöffel Wasser dazugeben, damit die Auberginen nicht anbrennen. Den Pfannendeckel lässt man die meiste Zeit geschlossen. Die Auberginenwürfel sollten weich sein, wenn man den Knoblauch dazugibt. Jamie Oliver schneidet in seinem Rezept an dieser Stelle rote Chilischote in die Pfanne – eine sehr gute Idee. Das Ganze kurz weiterdünsten. Dann Tomaten unterrühren, salzen und pfeffern und die Sauce einkochen, bis sie eindickt, was bei mittlerer Hitze ungefähr 5 Minuten dauert. Zum Schluss mengt man das gehackte Basilikum unter. Mit der in Salzwasser gegarten Pasta servieren. Ricotta salata, die feste, salzige Variante des italienischen Frischkäses, passt gut zur Auberginensauce. Der ist hierzulande aber nicht so leicht zu bekommen, ein Ersatz ist Pecorino.

250 g rote Zwiebeln,

500 g Tomaten,

5 Knoblauchzehen,

1 Chilischote,

ein 1–2 cm großes Stück Ingwer,

1 EL Koriandersamen,

75 ml Apfelessig,

100 g brauner Zucker,

Salz, Pfeffer

(für 1 Glas)

Tomatenchutney

Nach dem Sommer kommt der Herbst. Dieser Umstand löst bei vielen Fassungslosigkeit und Betroffenheit aus. Dabei ist es eigentlich nichts Neues. Niemand kann behaupten, davon nichts gewusst zu haben. Aber uns vom »Wochenmarkt« lässt es natürlich auch nicht kalt, dass die vielen hübschen grünen Blätter bald alle matschig in der Gosse liegen werden. Grausame Gesetze der Natur. Wir spielen ihr einen Streich, indem wir die süßen Sommertomaten zu einem Chutney einkochen, das wir in ein paar Wochen vor dem Kamin zu einem Steak oder zu altem Käse essen werden, während der Regen draußen gegen die Fenster prasselt.

Das Rezept ist einfach. Die Zutaten werden eine ganze Weile bei wenig Hitze eingekocht, und durch den Zucker bekommt die Sauce eine marmeladige Konsistenz. Die Zwiebeln fein schneiden, Tomaten grob hacken. Knoblauch in feine Scheiben schneiden. Die Kerne der Chilischote entfernen und die Schote in feine Ringe schneiden. Ingwer schälen und fein hacken. Koriandersamen im Mörser zermahlen. Alles wird in eine beschichtete Pfanne gegeben. Hinzu kommen außerdem Apfelessig, Zucker, Salz und Pfeffer. 40 Minuten lang einkochen. Am Ende mit Essig und Zucker abschmecken, bis das Chutney so schmeckt, wie man sich das vorgestellt hat.
Das heiße Chutney gibt man in ein Marmeladenglas, das man vorher mit heißem Wasser ausgespült hat. Das Glas verschließen. Das Chutney hält sich ungeöffnet im Kühlschrank vier Wochen.

1,5 Kilo frische, reife Tomaten (zum Beispiel der Sorte Roma),
2 EL Olivenöl, 1 kleine Zwiebel (gehackt),
3 Knoblauchzehen, Salz und Pfeffer,
250 g klein geschnittenes Weißbrot ohne Kruste
(am besten ein rustikales italienisches Brot),
1 EL Basilikum (gehackt), 40 g geriebener Ricotta salata
(für 5 Personen)

Tomaten-Brot-Suppe

Der Beruf des Gastrokritikers besteht darin, in Restaurants in der Provinz zu essen und danach über Garung und Würze einen Text zu schreiben, in dem Dekor, Stimmung und die anderen Gäste mit keinem Wort erwähnt werden. Diese Berichte sind so nüchtern und klar in der Argumentation wie die Gebrauchsanweisung für ein Haushaltsgerät. Man kann sagen, dass der New Journalism, ein subjektiver Schreibstil, der in den Sechzigerjahren in den USA aufkam und bis heute Generationen prägt, an der Gastrokritik komplett vorbeigegangen ist.
Es ergab sich da eine Lücke in der Berichterstattung über Essen, die die Foodblogger gern füllen. Bevor das Wort Weblog erfunden worden war, gab es schon 1997 das erste Gastroblog. Blogger schreiben heute über Autobahnraststätten, ihre Mütter, ihre Kindheit, über schöne Küchenhandtücher, Eheprobleme, und am Ende des Eintrags steht ein Rezept.
Luisa Weiss hat einen amerikanischen Vater, eine italienische Mutter und schreibt ihr Blog *The Wednesday Chef* von Berlin aus, wo sie geboren wurde. Wir wissen schon manches über ihren Mann und dass sie Anfang Juni einen Sohn zur Welt gebracht hat. (Herzlichen Glückwunsch!) Wir wissen auch, dass sie ein enges Verhältnis zu Tomaten hat. Sie nennt sie ein Geschenk Gottes und macht daraus eine lauwarme Suppe mit Ricotta.

Vierteln und entkernen Sie die Tomaten. Geben Sie die Stücke und den Tomatensaft in einen Mixer. Lassen Sie den Mixer nur kurz laufen, es soll kein Püree entstehen. Erhitzen Sie jetzt das Olivenöl in einem Topf. Geben Sie die gehackte Zwiebel und die Knoblauchzehen im Ganzen hinein. Sie sollen dort dünsten, aber nicht braun werden. Fügen Sie dann die zerkleinerten Tomaten hinzu und schmecken Sie mit Salz und gemahlenem Pfeffer ab. Das Ganze sollte 45 Minuten lang vor sich hin köcheln. Ab und zu können Sie umrühren. Zum Schluss geben Sie die Brotstücke zur Suppe, die dann noch 10 bis 15 Minuten weiterköchelt. Entfernen Sie jetzt die Knoblauchzehen und kosten Sie, ob noch Salz oder Pfeffer gebraucht wird.
Man kann die Suppe kalt oder lauwarm servieren. Auf jeden Fall streut man vor dem Essen etwas gehacktes Basilikum darauf und reibt Ricotta salata darüber, den halb festen und gesalzenen Ricotta, den man im Käseladen kaufen kann.

etwas Sonnenblumenöl,

500 g Hackfleisch vom Schwein,

4 Schalotten (dünn geschnitten), 2 Knoblauchzehen (gehackt),

2 rote Chilischoten (in dünne Ringe geschnitten), Salz,

1 Handvoll Salatblätter (in mundgerechte Stücke gerupft),

3 EL Minze (gehackt), 3 EL Koriander (gehackt),

3 EL Frühlingszwiebeln (in Ringe geschnitten),

1 Salatgurke (in Scheiben geschnitten, dann geviertelt)

Für das Dressing:

2 TL Zitronenschale (gehackt), Saft von 1–2 Limetten,

2 EL Fischsauce (aus dem Asia-Markt),

1 TL brauner Zucker, 2 EL Sonnenblumenöl

(für 3–4 Personen)

Thai-Salat mit Hackfleisch, Chili und Minze

Schweinefleisch ist das Essen der männlichen Unterschicht. Das ist keine journalistische Pointe, sondern das Ergebnis der Nationalen Verzehrsstudie II. Und weil offenbar sowieso alles egal ist, wenn man eine Vorliebe für Schweinefleisch hat, genießen Proll-Männer ihr Leben in vollen Zügen: Sie rauchen, trinken Schnaps, meiden Sport und Mineralwasser. Die Oberschicht dagegen isst Gemüse und, wenn überhaupt, Fleisch, das das empfindliche Bildungsbürgerherz nicht gefährdet. Dieser thailändische Salat will den Dialog: Unterschichten-Schweinehack und viel frisches Grün vereinen sich zu einem köstlichen Sommeressen. Das Gericht ist eine vereinfachte Variation des Klassikers der Thai-Küche namens Larb.

Man dünstet in etwas Sonnenblumenöl Schalotten, Knoblauch sowie die Chilischote an. (Ein paar Ringe der Chilischote für das Dressing aufheben.) Das Fleisch in die Pfanne geben, salzen und einige Minuten dünsten, bis es durchgegart ist. Beiseitestellen und abkühlen lassen.
Für das Dressing werden in einer kleinen Schüssel Zitronenschale, Limettensaft, Fischsauce, Zucker, Sonnenblumenöl und einige Chilischotenringe, je nach Geschmack, vermengt. Wenn das Fleisch abgekühlt ist, alles zu einem Salat auf einer Platte anrichten: Salat, Kräuter, Frühlingszwiebeln und Gurke mit dem Dressing vermengen, dann das Fleisch darübergeben. Wer mag, isst weißen Jasminreis zu seinem Salat.

1 Zitrone (mit unbehandelter Schale),

2 rote Zwiebeln,

etwas Olivenöl,

1 EL Honig,

2 EL Schnittlauch (gehackt),

Salz, Pfeffer

(für 2–3 Portionen)

Chutney von gerösteten Zitronen

Deutschland ist heute ein ganz tolles Land, das wissen wir, das lesen wir überall, das sehen wir zurzeit an den vielen beflaggten Autos und Häusern. Aber Zitronen blühen hier immer noch nicht. Da sind wir auf unsere etwas trägen, leider nicht so gut organisierten südeuropäischen Kollegen angewiesen. Kann man nichts machen. Aber wir gönnen ihnen ja ihren Erfolg beim Zitronenexport! In diesem Chutneyrezept ist die Zitrone die wichtigste Zutat.

Erst wird die Schale mit heißem Wasser gewaschen, dann entfernt man die beiden Enden. Die Frucht wird in ungefähr 0,5 cm dicke Scheiben geschnitten. Den Backofen auf 200 Grad vorheizen. Auf einem mit Backpapier ausgelegten Blech geachtelte Zwiebeln und Zitronenscheiben verteilen. Etwas Olivenöl darübergeben. Das Ganze bei 200 Grad 25 bis 30 Minuten lang backen. Die Zitronen und Zwiebeln können an manchen Stellen braun sein, aber sie sollten nicht schwarz werden. Aus dem Ofen nehmen und abkühlen lassen. Zitronen und Zwiebeln klein hacken und mit 2 EL Olivenöl vermengen. Man kann auch mehr Öl nehmen – das dürfen Sie allein entscheiden. Sie dosieren auch den Honig selbst. Ich schlage einen Esslöffel vor. Falls Ihnen das Chutney noch zu sauer ist, geben Sie mehr Honig dazu. Salzen und pfeffern und Schnittlauch untermengen. Das Chutney passt zu Fisch, Fleisch vom Grill und jungem Ziegenkäse. Aber was passt auch nicht zu jungem Ziegenkäse?

Herbst

Für den Mürbeteig:

300 g Mehl, 200 g Butter (in Würfel geschnitten),

100 g Zucker, 1 Prise Salz

Für den Belag:

60 g gemahlene Mandeln,

750 g Pflaumen, Zwetschgen und/oder Mirabellen,

3 EL Crème fraîche, 100 g Zucker, 2 EL Mehl, 3 Eier

(für eine Springform mit 26 cm Durchmesser)

Pflaumenkuchen

So wie wenige Menschen Hunde und Katzen gleich gern mögen, können wenige gleich gut kochen und backen. Ein Hund hört, wenn man ruft, eine Katze nicht. Beim Kochen kann man abschmecken und nachbessern, beim Backen ist mit einer falschen Geste meist alles dahin. Es ist eine Frage der Persönlichkeit, was einem mehr zusagt. In der Spitzengastronomie sind es meistens Frauen, die sich um die Nachtische und somit um das Backen kümmern, aber das zu deuten sollte nicht Aufgabe einer Rezeptseite sein. Konzentrieren wir uns auf unsere Kernkompetenz: Mürbeteig. Er wird in der einfachen, aber treffenden Sprache der Hausfrauen auch 1-2-3-Teig genannt, denn er besteht zu einem Teil aus Zucker, zu zwei Teilen aus Butter und zu drei Teilen aus Mehl.

Diese Zutaten werden, gemeinsam mit einer Prise Salz, in einer Schüssel zunächst mit den Knethaken des Handrührgeräts vermengt. So wird die Butter in den Händen nicht gleich weich. Der Teig, der entsteht, wird auf die zuvor bemehlte Arbeitsplatte gehoben und dort weitergeknetet. Die Teigkugel in Frischhaltefolie wickeln, in den Kühlschrank legen und dort mindestens 1 Stunde ruhen lassen. Dann den Teig in eine Springform drücken (Einfetten ist nicht notwendig, da der Teig genug Butter enthält). Den Teig mit der Gabel einige Male einstechen.
Die gemahlenen Mandeln daraufstreuen. Die Früchte entsteinen und je nach Größe halbieren oder vierteln. Auf den Teig legen. Für den Belag werden Crème fraîche, Zucker, etwas Mehl (für die Konsistenz) und Eier verrührt. Die Zucker-Eier-Masse über das Obst geben, sodass es nicht vollständig bedeckt ist. Den Backofen hat man auf 180 Grad vorgeheizt. Der Kuchen wird darin 40 bis 45 Minuten gebacken.

1 Birne,

200 g tiefgekühlter Blätterteig,

100 g Ziegenkäse (Frischkäse oder Ziegencamembert),

ein paar Zweige Thymian,

2 TL Honig, Salz und Pfeffer

(für 2–3 Personen)

Feuilleté mit Birnen und Ziegenkäse

Einige wollen den Blätterteig für dieses Rezept vielleicht selbst herstellen. Das dauert zwar Stunden, denn ein Blätterteig besteht aus mehreren Hundert Teig- und Butterschichten, die kompliziert ineinandergefaltet werden. Und es ist auch nicht mehr notwendig, seit 1911 in Dänemark die Tiefkühltruhe erfunden wurde. Aber es gibt gerade den Trend, Essen zu Hause selbst herzustellen, das man bislang einfach gekauft hat: Pasteten, Essiggurken, Senf, Ketchup.
Wir wollen das nicht unterstützen und verraten das Rezept für Blätterteig nicht (um ehrlich zu sein, wir kennen es auch nicht). Freuen Sie sich über die Freiheiten, die die postindustrielle Dienstleistungs- und Wissensgesellschaft zu bieten hat. Lesen Sie ein Buch, spielen Sie Playstation, dösen Sie auf einer Decke im Park. Kaufen Sie Ihren Blätterteig im Biosupermarkt, da gibt es Vollkorn- oder Dinkelblätterteig, der noch besser ist als der normale, und belegen Sie ihn mit Ziegenkäse und den ersten spätsommerlichen Birnen.

Den aufgetauten Blätterteig legt man auf ein Backblech – je nach Zuschnitt ergibt sich eine runde oder eckige Form. An den Rändern wird der Teig etwa einen Zentimeter eingeschlagen. Nicht mehr, sonst wird der Rand zu dick. Welchen Ziegenkäse man für das Feuilleté nimmt, kann man nach Geschmack entscheiden. Der milde Frischkäse ist ebenso gut geeignet wie der kräftigere Camembert. Ist es ein festerer Käse, zerbröckelt man ihn in Stückchen, die man auf den Teig gibt. Frischkäse streicht man direkt auf den Blätterteig. Die Birne schält man und schneidet sie in nicht zu große Schnitze, die man auf dem Käse verteilt. Die Thymianblätter werden von den Zweigen gelöst und eventuell etwas zerkleinert. Man verteilt sie gleichmäßig auf dem Käse-Birnen-Belag. Dann salzt und pfeffert man das Ganze. Bei 210 Grad backt das Feuilleté 15 bis 18 Minuten im Ofen – fertig ist es, wenn der Teigrand sich goldbraun zu färben beginnt. Bevor man es auf den Tisch stellt, gibt man noch etwas Honig darüber.

180 g Mehl, 1 Päckchen Backpulver,
3 Eier, 120 ml Pflanzenöl,
100 ml Milch, Pfeffer,
100 g würziger Hartkäse,
z. B. Gruyère (gerieben), 150 g Roquefort,
3 Birnen (geschält, in Stücke geschnitten),
100 g Walnüsse (grob gehackt), Pfeffer
(für eine 32 cm lange Kastenform)

Cake mit Roquefort, Birnen und Nüssen

Zwischen den Mahlzeiten darf man nichts essen. Man sollte drei Liter Wasser am Tag trinken, morgens selbst bei bewölktem Himmel Creme mit Lichtschutzfaktor auftragen und sich abends vor dem Zubettgehen abschminken. Das sind die weiblichen Kompetenzen, auf die es heute ankommt. Das ist das Wissen, das wir von unseren Müttern bekommen haben und an unsere Töchter weitergeben werden. Aber was ist eigentlich mit den köstlichen Dingen, die es allein deshalb gibt, um sie zwischen den Mahlzeiten als Snack zu genießen? Am besten vor dem Fernseher – zum Beispiel Chips oder gesalzene Mandeln? Und was ist mit diesem herzhaften Cake? Dieser nach französischer Art in einer Kastenform gebackene Kuchen wird zum Aperitif gegessen, denn er passt gut zu Weißwein und Sekt. Er eignet sich auch zum Brunch. Oder man genießt ihn zwischendurch direkt aus dem Kühlschrank, im Stehen. Das geht. Man fällt hoffentlich nicht gleich tot um.

Während der Ofen auf 180 Grad vorheizt, vermengt man Backpulver und Mehl in einer Schüssel. In einer anderen Schüssel Eier, Öl und Milch verrühren, Pfeffer dazugeben. Salz ist wegen des Käses überflüssig, aber wer will, der salzt. Das Ganze der Mehl-Backpulver-Mischung hinzufügen. Den geriebenen Käse hineinrühren, den Roquefort hineinbröseln. Darauf achten, dass die Stücke nicht zu groß sind. Hinzu kommen Birnen und Walnüsse. Alles zu einem halbwegs glatten Teig verrühren. Den in eine mit Pflanzenöl gefettete und mit Mehl bestäubte Kastenform füllen. 50 Minuten lang backen. Man sollte eine Garprobe machen und darauf achten, dass die Kruste nicht zu dunkel wird. Bevor man ihn aus der Form hebt, sollte man den Cake abkühlen lassen.

Für die Tarte:
250 g Blätterteig,
600 g Äpfel, 100 g Zucker,
4 EL Wasser, 40 g Butter
Für die Sauce:
100 g Zucker,
4 EL Wasser, 125 ml Sahne,
40 g Butter, ½ TL Meersalz

Apfeltarte mit Karamell

Wie schlimm ist der Konformitätsdruck in den deutschen Medien? Erst jagen alle Christian Wulff, dann den armen Bischof Tebartz-van Elst. In der kulinarischen Berichterstattung nennt man die Gleichschaltung der öffentlichen Meinung einfach einen »Food-Trend«, und darüber regt sich niemand auf. Nach der Kürbissuppe und der Roten Bete kamen die Granatapfelkerne, die jetzt abgelöst werden, und zwar vom Salzkaramell. Wir geben dem Sog der Masse nach. Denn Salzkaramell ist ein Geschmack wie aus dem Schlaraffenland: cremig, süß, sahnig, buttrig, und dazwischen schmeckt man das Salz, das weiße Gold, dieses Elixier unseres Lebens, das Dopamin durch unsere Adern rauschen lässt. Die gestürzte Apfeltarte nach französischem Rezept, eine sogenannte Tarte Tatin, schmeckt zugegebenermaßen auch ohne die Sauce, so wie die Sauce eigentlich auch ohne die Tarte schmeckt.

Blätterteig auftauen lassen, dünn ausrollen. Einen Kreis ausschneiden, der etwas größer ist als die Pfanne, die man benutzt. Äpfel schälen, in dünne Scheiben schneiden. In der Pfanne (mit ofenfestem Griff) werden Wasser und Zucker ein paar Minuten lang erhitzt, sodass Karamell entsteht. Vom Herd nehmen, Butter dazugeben, verrühren. Äpfel ringförmig in die Pfanne schichten, Teig darauflegen, den Rand andrücken. 30 Minuten lang bei 170 Grad backen. Dann stürzen.
Für die Sauce wieder Zucker und Wasser in einer Pfanne erhitzen, bis die Mischung karamellisiert. Vom Herd nehmen, die Sahne langsam dazugießen. Bei mittlerer Hitze ungefähr 2 Minuten lang weiterköcheln lassen, dabei rühren, bis die Sauce glatt ist. Vom Herd nehmen, Butter und Salz dazugeben. In einen feuerfesten Behälter geben, abkühlen lassen. Die Tarte mit etwas Crème fraîche und der Karamellsauce servieren.

2 Kilo Miesmuscheln,

½ Tasse Weißwein,

1 oder 2 Knoblauchzehen,

4 EL gehackte Petersilie,

vielleicht etwas gehackter Sellerie,

Butter, schwarzer Pfeffer,

1 großes Baguette

(für 4–6 Personen)

Moules marinières

Die Autorin des Bestsellers *Eat Pray Love*, Elizabeth Gilbert, weiß genau, was die müde Seele der Metamoderne braucht: Yoga, Liebe, nette Häuser und gutes Essen. Gegen ihre erbaulichen Bücher, die seitenlang die Strände von Bali und bittersüßen Liebesschmerz beschreiben, ist nichts einzuwenden: Wer nichts braucht, um sich zu trösten, hat kein Herz. Jetzt hat Gilbert netterweise noch ein Kochbuch geschrieben, ein schreiberisches Genre, das ja gar nicht anders kann als erbaulich sein. Sie gibt die Rezeptsammlung neu heraus, die ihre Urgroßmutter Margaret Yardley Potter in den Vierzigerjahren verfasst hat, eine Frau, die zu Pizza »Tomatenkuchen« sagte und mit Segelbooten, Rasentennis und irischen Dienstboten aufgewachsen war. Das Buch trägt den Titel *Am Herd daheim*, was heute ideologisch klingt, aber wahrscheinlich nicht so gemeint ist. Margaret Yardley Potter jedenfalls war keine gute Hausfrau. Sie gab zu viel Geld aus und trank zu viel und riss Muscheln mit bloßen Händen von den Bänken, um sie am Strand auf einem rostigen Wellblech zu grillen. Aber noch besser, schreibt sie, schmecken die Miesmuscheln, die es jetzt im Frühherbst wieder zu kaufen gibt, wenn man sie mit Weißwein, Knoblauch und Petersilie dünstet.

Man sortiert zunächst die Muscheln aus, die sich schon geöffnet haben. Die anderen werden unter fließendem Wasser gründlich abgebürstet. In einen ausreichend großen Topf gibt man Weißwein, Knoblauchzehen, die man zuvor klein gehackt hat, gehackte Petersilie, vielleicht etwas Sellerie, wenn der einem schmeckt, in jedem Fall aber Butter und gemahlenen Pfeffer. Salz braucht man beim Muschelkochen nicht. Man gibt dann die Muscheln ebenfalls in den Topf, legt den Deckel darauf und erhitzt das Ganze etwa 5 Minuten lang. Vielleicht haben sich dann die Muscheln schon geöffnet, das wäre das Zeichen dafür, dass sie gar sind. Wenn das nicht der Fall ist, kommt der Deckel wieder auf den Topf, und alles köchelt eine Weile weiter.
Noch heiß, werden die Muscheln dann in tiefen Tellern serviert, zusammen mit dem Sud und ein paar Scheiben Baguette, das zum Auftunken dient.

70 g Hirse (feines Korn),
ca. 300 ml Wasser,
1 Apfel (entkernt und klein geschnitten),
5 Stücke klein geschnittenes Trockenobst
(Feigen, Pflaumen und/oder Aprikosen),
1 TL Zimt, 1 TL Honig, Naturjoghurt
(für 2 Personen)

Hirsebrei

Da man jetzt nicht mehr bei Sonnenschein unter hohem blauen Himmel aufwacht, sondern im Dämmerlicht, fällt einem wieder ein, wie viel Zeit seines Lebens man als Mitteleuropäer in der Dunkelheit verbringt, bis sie einen schließlich ganz und bis in alle Ewigkeit umgeben wird. Da kann einem schwer ums Herz werden. Suchen wir Trost im Essen, kochen wir uns ein warmes Frühstück. Das ist nicht nur etwas für Kinder und Briten. Hirse, das jahrtausendealte Getreide, wird gerade wiederentdeckt, weil es glutenfrei ist und einige Menschen Gluten, das Klebereiweiß im Getreide, nicht vertragen (und viele weitere Menschen überzeugt davon sind, Gluten mache dick). Mit Dörrobst gekocht, wird aus Hirse ein tröstender Frühstücksbrei.

Die Hirse waschen und in einen Topf geben. Mit kochendem Wasser übergießen. Dazu kommen klein geschnittenes Trockenobst – Pflaumen, Feigen, Aprikosen –, ein geschnittener Apfel und Zimt. Bei niedriger Temperatur kocht die Hirse im geschlossenen Topf ungefähr 15 bis 20 Minuten lang, je nachdem, welche Konsistenz man sich für seinen Brei wünscht. Dann den Topf vom Herd nehmen, den Honig untermischen und im geschlossenen Topf kurz ziehen lassen, damit die restliche Feuchtigkeit von der Hirse aufgenommen wird. Vor dem Servieren gibt man ein oder zwei Esslöffel Joghurt pro Portion dazu: Wer besonders mies drauf ist, gönnt sich griechischen Joghurt mit hohem Fettanteil.

Für den Hefeteig:
500 g Mehl, 300 ml lauwarme Milch
zum Auflösen der Hefe plus 2 EL,
½ Würfel frische Hefe (21 g),
60 g Butter, ½ EL Salz
Für den Belag:
1,2 kg rote oder weiße Zwiebeln,
300 g geräucherter Speck,
300 g saure Sahne, 4 Eier,
Salz, Pfeffer, Muskatnuss
(für 1 Blech)

Zwiebelkuchen

Die zur Schau getragene Uneitelkeit ist oft eine radikale Form der Eitelkeit. Der Zwiebelkuchen gibt sich auf dem Tisch bescheiden, doch bei der Zubereitung weiß er sich die Aufmerksamkeit seiner Umgebung mit subtilen Mitteln zu sichern.

Es fängt harmlos an, man kippt Mehl in eine Schüssel, in die Mitte macht man eine Mulde. Dort hinein schüttet man die lauwarme Milch, in der man die Hefe aufgelöst hat. Die Schüssel stellt man abgedeckt an einen warmen Ort, damit der Vorteig gehen kann, und da gibt es schon das erste Problem: Viel Spaß bei der Suche nach einem warmen Ort in Ihrer schön gleichmäßig temperierten modernen Etagenwohnung.
Nach 30 Minuten wird die Butter in der restlichen Milch geschmolzen und lauwarm mit Salz in die Schüssel gegeben. Mit den Knethaken des Handrührers zum Teig verkneten. Dieser geht wieder an einem warmen Ort, diesmal eine Stunde lang. Sie stellen erneut die Uhr und ahnen jetzt, dass heute nicht viel mehr als der Zwiebelkuchen in Ihren Gedanken Platz finden wird. Sie wiegen die Zwiebeln ab und stellen fest, dass 1,2 Kilo Zwiebeln sehr viel ist. Sie schneiden sie in feine Streifen. Alles an Ihnen riecht nach Zwiebel. Sie fragen sich, ob Sie den Geruch jemals wieder loswerden, ob Sie je wieder jemand wird küssen wollen. Die Tränen laufen Ihnen die Wangen hinunter. Mit verquollenen Augen würfeln Sie den Speck, braten ihn in einer großen Pfanne bei mittlerer Hitze aus. Zwiebeln dazugeben, glasig dünsten. Sie verrühren saure Sahne und Eier in einer Schüssel, salzen, pfeffern, würzen mit Muskat. Schließen Frieden. Die Sahne-Eier-Mischung zu den abgekühlten Zwiebeln geben. Den Hefeteig auf einem mit Backpapier ausgelegten Blech ausrollen, den Belag darauf verteilen. Während der Zwiebelkuchen im Ofen 20 bis 25 Minuten lang bei 180 Grad backt, beten Sie zu Gott, dass Sie beim Hefeteig nichts falsch gemacht haben und er nicht in sich zusammenfällt oder schmierig wird und alles umsonst war.

300 g getrocknete Feigen ohne Stiele,

250 ml Wasser, 100 ml Olivenöl,

5 Zwiebeln, Lammfleisch aus der Schulter

oder Keule (in Würfel geschnitten),

75 g Mehl,

2 EL Tomatenmark, 1 TL gemahlener Piment,

250 ml Rotwein, 125 ml Hühnerbrühe,

2 Lorbeerblätter, Salz, Pfeffer

(für 6 Personen)

Türkischer Eintopf mit Lamm, Feigen und Zwiebeln

Die Türken wissen: Wahrer Genuss ist das Rumsitzen, Teetrinken und Rauchen. Aber Essen schmeckt in der Türkei auch sehr gut, wie man in dem Kochbuch der türkischen Küche *Pismek* erfährt (Collection Rolf Heyne). Ein Jahni zum Beispiel ist ein Eintopfgericht mit geschmorten Zwiebeln. In einem europäischen Eintopf sind Zwiebeln ein Gewürz, hier werden sie wie Gemüse behandelt. Auf einen Esser kommt ungefähr eine Zwiebel. In ein Jahni gibt man meistens außerdem Fleisch, und Fleisch heißt in der Türkei meistens Lamm. Wer den authentischen Geschmack will, kann Hammel nehmen. Eine mutige Entscheidung.

Zunächst weichen die Feigen in einmal aufgekochtem Wasser 45 Minuten lang ein. Den Ofen auf 170 Grad vorheizen. Die Hälfte des Olivenöls erhitzt man in einem feuerbeständigen Bräter. So sollte man die Zwiebeln präparieren: schälen, das Wurzelende intakt lassen und der Länge nach vierteln. Sie werden in das heiße Öl gegeben. Jetzt rührt man 15 Minuten lang häufig um, bis die Zwiebeln goldbraun sind und vor sich hin schmoren.
Dann werden sie in eine Schüssel gegeben und beiseitegestellt. Das Fleisch bestäubt man mit Mehl. In derselben Auflaufform wird das restliche Öl bei mittlerer Stufe erhitzt, und darin brät man das Lammfleisch portionsweise an. Nach ein paar Minuten färbt das Fleisch sich goldbraun. So kommt es in die Schüssel mit den Zwiebeln.
Im Bratensatz werden Tomatenmark und Piment unter ständigem Umrühren geröstet. Man löscht mit Wein ab und lässt alles 3 bis 4 Minuten köcheln, bis etwas Flüssigkeit verdampft ist. Dazu kommen die Brühe, die Feigen und das Wasser, in dem man die Feigen eingeweicht hat, das Fleisch, die Zwiebeln und die Lorbeerblätter. Außerdem Salz und Pfeffer dazugeben. Das Ganze schmort zugedeckt 1 ½ Stunden lang im Ofen. Wenn das Fleisch zart ist, entfernt man die Lorbeerblätter und schneidet schon mal das Weißbrot auf, das man zum Lammtopf isst. Vielleicht macht man dazu noch einen grünen Salat an.

4 Feigen (halbiert oder geviertelt, je nach Größe),

70 g Feta (zerkrümelt), 2 Handvoll Rucola

Für das Dressing:

3 EL Olivenöl,

1 EL türkischer Granatapfelsirup (Nar Ekşisi),

Pfeffer, Salz, ein paar Minzblätter

(für 2 Personen)

Salat mit Feigen, Feta und Granatapfelsirup

Wir vom »Wochenmarkt« haben uns den Ruf eingehandelt, uns das Leben so einfach wie möglich zu machen. Wir schrecken Bohnen nicht nach dem Kochen ab, nur damit sie ihre grüne Farbe behalten. Wir nehmen Blätterteig aus der Tiefkühltruhe. Wir essen mal Fleisch, mal nicht, gerade so, wie es uns gefällt. Deshalb haben wir versucht, den supereinfachen Salatklassiker von Donna Hay noch einfacher zu gestalten.

Donna Hay ist eine Kochbuchautorin aus Australien, deren Kochbücher sich deshalb millionenfach verkaufen, weil ihre Gerichte auch im größten Stress schnell zubereitet werden können. Wir sind nicht gestresst, sondern schlicht zu bequem, um Granatapfelkerne aus der Hülle zu fummeln, und nehmen stattdessen Granatapfelsirup. Man kann ihn bei arabischen und türkischen Gemüsehändlern und im Internet kaufen. Der Sirup schmeckt nicht süß, wie man glauben könnte, sondern fruchtig und säuerlich. Er eignet sich deshalb gut, um den Essig im Salatdressing zu ersetzen. Man kann sich das Geld sparen, das man für schön verpackten Balsamico in teuren Hipsterläden lässt, und von jetzt an Granatapfelsirup an seine Salate geben. Um die Zutaten zu beschreiben, brauchen wir nur zwei Zeilen:

Feigen, Feta und Rucola auf einer Platte anrichten, das Dressing verrühren, darübergeben, Minzblättchen darüberstreuen.

1 EL Butter, 1 rote Zwiebel,

ein paar Thymianzweige,

200 g Hühnerleber,

Salz und Pfeffer,

2 EL Rotweinessig,

100 g gemischte Salatblätter,

4 Feigen, Olivenöl

(für 2 Personen)

Salat mit Feigen und Hühnerleber

Eine Hühnerleber ist harmlos, aber trotzdem erfreulich aromatisch im Vergleich zu anderen Innereien. Rachel Khoo, eine Britin, die vor ein paar Jahren nach Paris zog, um dort das Kochen zu lernen, serviert gebratene Hühnerleber auf einem grünen Salat. Dazu passt die Süße der Feigen, die es im Frühherbst auf dem Markt zu kaufen gibt. Khoo ist so weit französisiert, dass sie ihren Salat in ihrem Kochbuch als Fast Food à la française bezeichnet.

Die Butter wird in einer großen, beschichteten Pfanne erhitzt. Man schneidet die Zwiebel in kleine Würfel, gibt sie in das heiße Fett ebenso wie die Thymianzweige. Bei mittlerer Hitze brät alles, bis die Zwiebel glasig ist und leicht karamellisiert, was ungefähr 6 bis 8 Minuten dauert.
Die Leber wäscht man gründlich. Größere Stücke sollte man halbieren. Das Fleisch wird gesalzen und gepfeffert. In einer Pfanne brät die Leber bei starker Hitze von jeder Seite kurz an, vielleicht 1 oder 2 Minuten, bis sie außen goldbraun, innen aber noch rosa ist. Jetzt kommt der Essig hinzu und verdampft auch gleich wieder.
In der Zwischenzeit werden die gewaschenen Salatblätter auf einer Servierplatte verteilt. Darauf legt man die Feigen, die man zuvor geviertelt hat. Zwiebel und Leber kommen obendrauf, den Thymian entfernt man. Zum Schluss wird der Salat mit etwas Olivenöl beträufelt, und je nach Geschmack wird noch einmal gesalzen.

1 Radicchiokopf,

150 g junger Ziegenkäse,

10 ml Balsamico,

insgesamt 70 ml Olivenöl, Salz und Pfeffer,

1 Schalotte (gewürfelt), 50 g Butter,

300 g Risottoreis, 150 ml Rotwein,

1–1,5 l heiße Gemüsebrühe,

90 g geriebener Parmesan,

1 Hokkaidokürbis,

20 g Thymian, 20 g Rosmarin,

2 Knoblauchzehen

(für 4 Personen)

Rotweinrisotto mit Radicchio, Kürbis und Ziegenkäse

Auf Schloss Elmau, in dem hoch gelegenen oberbayerischen Hotel, ist alles vornehmer als bei uns hier unten. Dort wird ein Kürbis nicht zu einer Suppe verarbeitet, wie es gerade Mode beim gewöhnlichen Volk ist, sondern der Kürbis wird geschmort und zum Rotweinrisotto gegessen. Tatsächlich hat Küchenchef Mario Paecke vom hoteleigenen Restaurant Luce d'Oro sich Mühe gegeben, überhaupt ein so einfaches Rezept wie einen Risotto für uns zu finden. Denn sonst bereitet er Sterneküche zu, die er mit winzigen Blumen, kandierten Blättchen und einzelnen Kressehalmen dekoriert. Dafür fehlt uns die Raffinesse. Das haben wir ihm erklärt, er hat es verstanden und uns dieses Rezept von schlichter Eleganz geschickt.

Zunächst den gewaschenen Radicchio in Stücke zupfen. Ziegenkäse zerbröseln, mit dem Salat in eine Schüssel geben und in Olivenöl (20 ml), Balsamico, etwas Salz und Pfeffer drei Stunden lang marinieren.
Für den Risotto Schalotten in Butter glasig schwitzen, Reis dazugeben, alles einen Moment weiter anschwitzen. Mit Rotwein ablöschen, reduzieren lassen. Bei kleiner Hitze nach und nach den Gemüsefond dazugießen, leicht köcheln lassen und dabei ständig rühren. Dieser Vorgang dauert ungefähr 20 Minuten, je nach Reissorte, dann ist der Risotto cremig und bissfest. Parmesan unterrühren, mit Salz und Pfeffer abschmecken.
Kürbis waschen, Kerne auskratzen, das Fleisch in Spalten schneiden. Diese in eine Auflaufform legen, salzen. Knoblauch und Kräuter dazugeben (beides wird später nicht mitgegessen). Mit Olivenöl (50 ml) beträufeln und 40 Minuten lang bei 200 Grad im Ofen schmoren.
Das Anrichten auf den Tellern geschieht in dieser Reihenfolge: Risotto, Kürbisspalten, Radicchio und Ziegenkäse, eventuell ein paar frische Basilikumblättchen und geröstete Kürbiskerne.

1 TL gemahlene Kurkuma, 1 EL Limettensaft, Salz,
750 g festes Fischfilet (ohne Haut),
1 EL Pflanzenöl, 500 g Kürbis (z. B. Hokkaido),
1 EL Tamarindenextrakt, 1 Tomate (gehäutet),
½ TL Cayennepfeffer, ½ TL Zucker, ¼ TL Garam Masala
Für die Würzpaste:
1 großer Zweig Koriandergrün, 4 grüne Chilischoten (entkernt, gehackt),
ein 2–3 cm großes Stück Ingwer (geschält, grob gehackt), 6 Knoblauchzehen (geschält)
(für 4 Personen)

Fischcurry mit Kürbis

Die kulinarische Integration von Einwanderern funktioniert in Deutschland insofern sehr gut, als die Inder, Chinesen, Türken, Griechen wie echte Deutsche das Kochen verlernen, sobald sie unser Land betreten. Die chinesische Küche, eine der besten der Welt, ist in Deutschland durch Nudelbratstationen in Bahnhöfen repräsentiert. Die Türken vergessen ihre Sultane und servieren Pressfleisch im Brot. Die üble Qualität der Einwandererküche, in der nichts Ursprüngliches mehr zu schmecken ist, sagt wahrscheinlich einiges darüber aus, wie viel Kulturunterschiede ein Land bereit ist auszuhalten.
Die Inder kochen in ihren Restaurants hier nur Gerichte, die braungelb-rotbraun sind, was sie sich in deutschen Kantinen abgeguckt haben. Aber über die indische Küche gibt es auch 800 Seiten umfassende Kochbücher: *Indien* von Pushpesh Pant, auf Deutsch erschienen im Edel Verlag. Darin steht zum Beispiel, dass ein Kürbis gut in ein Fischcurry passt.

Zunächst werden Kurkuma und Limettensaft in einer Schüssel verrührt. Man reibt den Fisch damit ein und salzt ihn etwas. So zieht er 15 Minuten lang im Kühlschrank durch.
Für die Würzpaste werden alle Zutaten im Mixer fein püriert. Etwas salzen. Falls nötig, die Paste mit Wasser verdünnen. Das Öl lässt man in einem tiefen Topf bei schwacher bis mittlerer Hitze heiß werden. Sanft und ohne zu bräunen, soll die Würzpaste darin unter Rühren anbraten. Jetzt kommen der in Würfel geschnittene Kürbis und das Gemüse hinzu sowie 250 ml Wasser. Aufkochen, die Hitze reduzieren und alles zugedeckt je nach Garzeit ungefähr 8 Minuten köcheln lassen. (Wer will, fügt auch vorgekochte Kichererbsen hinzu.) Tamarindenextrakt, Tomate und den Fisch dazugeben. Man gießt noch mal 250 ml Wasser nach und schmeckt mit Cayennepfeffer, Zucker und Salz ab. Zugedeckt in etwa 5 Minuten fertig garen. Mit Garam Masala bestreut servieren.

1 Zwiebel, etwas Olivenöl, 200 g Perlgraupen, 150 ml Weißwein,
Salz und Pfeffer, 600 ml Gemüsebrühe,
300 g Pilze (Shitake, Steinpilze, Kräutersaitlinge und/oder andere),
80 g Parmesan, 1 EL Butter, Petersilie (gehackt)
(für 2–3 Personen)

Graupenrisotto mit Pilzen

Die Graupensuppe war offenbar ein Gericht, mit dem in den Fünfzigerjahren Kinder gequält wurden. Aber die junge Generation ist ignorant und geschichtsvergessen und setzt Gerste jetzt wieder auf die Speisekarten ihrer seltsamen Restaurants, in denen noch nicht einmal Tischdecken auf den Tischen liegen, schreibt Graupenrezepte in dieses Facebook und ins Internet, von dem man jetzt immer so viel hört. Die junge Generation ist aber auch nett zu ihren Großeltern und erklärt: Stellt euch einfach vor, die Graupe hätte nicht diesen unattraktiven deutschen Namen, sondern hieße Fregula, wie jene sardische Pastaspezialität, die ähnlich schmeckt. Oder Ptitim, wie die Nudelart, die in Israel gegessen wird und geschmacklich an die Graupe erinnert. So lassen sich die Großeltern vielleicht dazu überreden, einen Graupenrisotto mit Pilzen zumindest mal zu probieren.

Zunächst wird die Zwiebel gehackt und in Öl angedünstet, bis sie glasig ist. Die Graupen waschen, abtropfen lassen und dazugeben, eine Weile unter Rühren andünsten, bevor mit Weißwein abgelöscht wird. Salz und Pfeffer zugeben. Weiterrühren, bis die Flüssigkeit verdampft ist, dann etwas Gemüsebrühe dazu, sodass die Graupen gerade mit Flüssigkeit bedeckt sind. Wenn die Brühe verdampft ist, etwas Brühe nachgießen. Diesen Vorgang wiederholen, bis die Graupen schließlich gar sind. Das ist nach ungefähr 25 Minuten der Fall.
In der Zwischenzeit die Pilze zerkleinern, kleinere Pilze können auch ganz bleiben. In Olivenöl in einer beschichteten Pfanne dünsten, bis sie gar sind. Gemeinsam mit Parmesan und Butter zu den Graupen geben. Mit Salz und Pfeffer abschmecken. Vor dem Servieren gehackte Petersilie darübergeben.

2 EL Olivenöl, 1 TL gehackter Rosmarin,
abgeriebene Schale und Saft von 1 Zitrone,
500 g Rosenkohl,
2 EL geriebener Pecorino oder Parmesan,
Salz und Pfeffer
(für 4 Personen)

Gebackener Rosenkohl mit Pecorino

Die britische Kochbuchautorin Nigella Lawson ist die Erfinderin des Küchen-Babes: Sie weiß das Häusliche mit dem Erotischen zu verbinden. Auf den Bildern, die es von ihr gibt, knabbert sie an einem Hörnchen oder hält ein Baguette auf eine Art und Weise, die uns normalen Baguetteessern gar nicht einfallen würde. Entsprechend sind ihre Rezepte immer ein bisschen überladen: viel Zimt, viel Süßwein, viel Sahne. Ihr neues Buch *Genießen auf Italienisch* (Dorling Kindersley Verlag) enthält dagegen ganz klassische Gerichte der italienischen Küche wie Pasta mit Lamm-Ragù und ein einfaches Maroneneis – sowie dieses Rezept für Rosenkohl, das schon fast etwas Minimalistisches hat.

Der Rosenkohl wird geputzt, wobei man die äußeren Blätter entfernt, und dann längs halbiert. Den Backofen auf 220 Grad vorheizen. Auf einem Blech Olivenöl verteilen, Rosenkohl darauflegen, Zitronenschale und Rosmarin darüberstreuen (es schmeckt aber auch ohne diesen). Die Röschen sollten gleichmäßig auf dem Blech verteilt sein. 20 Minuten backen. Die Garzeit kann variieren, man sollte es also am besten probieren. Etwas Biss schadet nicht. Den Rosenkohl gibt man in eine vorgewärmte Schüssel. Den Pecorino (oder Parmesan) über den Kohl reiben und alles gut durchrühren. Salzen und pfeffern. Wer will, fügt zum Schluss noch etwas Zitronensaft hinzu. So passt der Rosenkohl zu Lamm, Ente und Wild, falls es darum geht, einen Ehemann mit einem richtigen Essen zu beglücken. Für ein nettes Abendessen mit sich allein reicht vielleicht auch der Rosenkohl.

2 kleine Zwiebeln, 2 Knoblauchzehen,
3 EL Olivenöl, 1 Prise roter Pfeffer,
1 TL Kreuzkümmel, 1 TL Thymian (frisch oder getrocknet),
1 Aubergine, 2 EL getrocknete Cranberrys, 4 Hühnerbrustfilets,
ca. 2 l sehr gute Hühnerbrühe, 250 g Kichererbsen (aus der Dose),
½ Bund Petersilie, 100 g Granatapfelkerne, Salz
(für 4 Personen)

Marokkanischer Hühncheneintopf

Die bittere Wahrheit ist, dass ein Granatapfel nicht so schmeckt, wie das Granatapfel-Shampoo aus dem Drogeriemarkt riecht. Das Ideal ist süß und cremig, die Realität ist etwas wässrig und hat viele Kerne. Einen echten Granatapfel, so wie sie im Herbst aus der Türkei und Spanien importiert werden, bekommt man zudem nur schwer auf. Das Säuerliche des roten Fruchtfleischs passt aber gut zu orientalischen Gerichten wie diesem marokkanischen Hühncheneintopf. Das Rezept stammt von Sonja Riker, die in München einen Suppenladen besitzt. Ihr zweites Kochbuch, *Mehr Suppenglück,* ist im Kunstmann Verlag erschienen. Sie sagt, ein Granatapfel lasse sich gut öffnen, wenn man ihn mit etwas Druck über die Küchenarbeitsplatte rolle. Man halbiert die Frucht quer und setzt sie mit der Schnittstelle nach unten in eine Schüssel. Mit dem Kochlöffel klopft man auf die Schale und drückt dabei die Frucht leicht zusammen – die Samen fallen heraus.

Zwiebeln und Knoblauch werden gehäutet und fein gehackt. Roten Pfeffer, Kreuzkümmel und Thymian zerstößt man im Mörser und gibt die Mischung in einen Topf. Die fein gewürfelte Aubergine kommt auch dazu und dünstet mit. Nach ungefähr 5 Minuten fügt man die Cranberrys hinzu sowie die in mundgerechte Stücke geschnittene Hühnerbrust. Man schaltet auf mittlere Temperatur und lässt das Ganze köcheln, bis das Fleisch gar ist, was ungefähr 5 Minuten dauert. Währenddessen bleibt man aber neben dem Herd stehen, denn ab und zu rührt man um, damit nichts am Boden ansetzt. Schließlich gießt man Hühnerbrühe dazu – man verwendet vielleicht weniger als die angegebenen 2 Liter, je nach Geschmack. Die Kichererbsen werden hinzugefügt, der Eintopf kocht noch mal auf. Die gehackte Petersilie vermengt man mit den Granatapfelkernen in einer Schüssel. Nachdem man den Eintopf mit Salz abgeschmeckt hat, serviert man ihn in tiefen Tellern. Darauf kommt die Petersilien-Granatapfel-Mischung. Wer will, isst Reis dazu.

4 Hühnchenschlegel, Olivenöl,

2 Zwiebeln, etwas Butter,

½ TL Piment, Chilischote nach Geschmack (klein geschnitten),

1 TL Kreuzkümmel, 2 Dosen Kichererbsen,

6 getrocknete Aprikosen,

ca. 250 ml Hühner- oder Gemüsebrühe,

Saft von 1 Zitrone, Crème fraîche nach Geschmack,

frischer Koriander

(für 4 Personen)

Hühnchen mit Kichererbsen

Ein Hühnchen in den Ofen schieben, 55 Minuten warten und es dann süß und scharf gewürzt die Kehle hinunterrutschen lassen – das sind zugegebenermaßen nicht die aufregendsten Momente im Leben. Aber wir wollen sie wertschätzen, diese Augenblicke der gemütlichen Langeweile, die wir mit Essenzubereiten und Essen verbringen.

Statt unserem Lieblingsextremsport nachzugehen oder eine unserer zahlreichen Liebesaffären zu pflegen, braten wir also 4 Hühnchenschlegel von beiden Seiten in einem schweren Topf in Olivenöl an. Wir fügen etwas Salz hinzu und nehmen das Fleisch wieder heraus, wenn die Haut eine braune Farbe angenommen hat. 2 Zwiebeln werden in kleine Stücke geschnitten und im verbliebenen Fett angebraten. Eventuell hat man vorher etwas Butter im Topf geschmolzen. Zu den Zwiebeln gibt man die Gewürze – Piment, Chili, Kreuzkümmel – und dünstet sie einen Augenblick mit an. Das Fleisch dann wieder dazugeben, ebenso die abgetropften Kichererbsen und die klein geschnittenen Aprikosen. So viel Brühe in den Topf gießen, dass das Fleisch zu drei Vierteln bedeckt ist. Das Ganze wird zum Kochen gebracht und kommt schließlich abgedeckt für 45 bis 55 Minuten bei 160 Grad in den Ofen. Wenn man die Haut des Hühnchens nicht entfernt hat, nimmt man für die letzten Minuten der Garzeit den Deckel vom Topf, schaltet den Ofen auf die Grillstufe um und lässt die Haut knusprig werden. Zum Schluss mit Salz, dem Saft einer Zitrone und Crème fraîche abschmecken und mit frischem Koriander bestreuen.

1 Poularde (ca. 2 kg, in 8 Teile zerlegt),
1 Flasche trockener Rotwein,
1 Karotte, 1 Zwiebel, 1 Knoblauchzehe,
Schale von 1 Apfelsine, Cayennepfeffer,
1 EL Speiseöl, 50 g fetter »grüner« Speck, 3 EL Obstwasser,
Salz, 500 g Champignons
(für 6 Personen)

Coq au vin

Für das klassische französische Rezept *Coq au vin* benötigt man einen ausgewachsenen Hahn. Das machen die Autoren des Buchs *Jahreszeiten der französischen Küche* (Wagenbach Verlag) deutlich, dem wir dieses Rezept entnehmen. Ein junges Tier würde in diesem Schmortopf trocken. Das Problem ist, dass es den meisten von uns nicht möglich sein wird, sich einen Hahn zu beschaffen. Hähne gibt es heute praktisch nicht mehr. Die männlichen Küken der Legehuhnrassen werden getötet, und die Masthuhnrassen werden geschlachtet, bevor sie mit ungefähr 5 Monaten die Geschlechtsreife erlangen. Das ist die traurige Geschichte, die sich hinter diesem schönen Rezept verbirgt: Die Hauptzutat ist ausgestorben. Aber man kann auch eine Poularde nehmen. Das ist ein nicht mehr ganz so junges, schwereres Huhn mit aromatischem Fleisch.

Man mariniert die Teile 12 Stunden lang in Rotwein, dem eine in Stücke geschnittene Karotte, eine geviertelte Zwiebel, eine zerdrückte Knoblauchzehe, etwas Cayennepfeffer, Apfelsinenschale und Öl zugefügt wurden. Die Fleischstücke aus der Marinade nehmen, abtropfen lassen und im ausgelassenen Speck anbraten, bis sie eine schöne braune Farbe annehmen. Ablöschen mit Obstwasser. Die abgeseihte Marinade dazugeben, salzen. Bei kleiner Hitze etwa 60 Minuten lang köcheln lassen.

Die Champignons in der Zwischenzeit in nicht zu kleine Stücke schneiden und 5 bis 7 Minuten lang in einer Pfanne anbraten.

Die Sauce ist am Ende der Garzeit noch recht flüssig. Also nimmt man das Fleisch aus dem Topf und kocht die Sauce ein. Zum Binden gibt man etwas mit Mehl verknetete Butter dazu. Abschmecken mit dem Saft der Apfelsine, Orangenlikör, Honig: Ihre Wahl. Hat sie Geschmack und Konsistenz, wie man sich das wünscht, gibt man das Fleisch wieder dazu sowie die Champignons.

2 Rumpsteaks, Öl, Butter, eventuell ein paar Zweige Rosmarin
oder Thymian oder einige Salbeiblätter,
400 g Kartoffeln (ungeschält in gleich große Schnitze geschnitten), Olivenöl, Salz
Für die Sauce:
100 ml Mayonnaise, 150 ml saure Sahne,
70 g Blauschimmelkäse (Gorgonzola, Roquefort o. Ä.), 1 EL Zitronensaft,
2 EL gehackte Petersilie, 1 zerdrückte Knoblauchzehe
(für 2 Personen)

Steak mit Blue Cheese Sauce

Noch schreibt die EU nicht vor, dass neben jedem Steak Schockfotos aus dem Schlachthaus gezeigt werden. Wir dürfen Ihnen diesen appetitlichen Teller zeigen. Aber falls Sie noch meinen, es sei normal, ab und zu mal ein Steak zu essen (so wie Löwen ab und zu mal eine Giraffe fressen): Sie täuschen sich. Es gibt inzwischen viele, viele Menschen, die darin nur Schlechtes sehen. Wir von der Koch- und Backredaktion des *Zeit-Magazins* wollen uns an den großen gesellschaftlichen Debatten nicht beteiligen, das überlassen wir gern anderen, aber hier ist ein Vorschlag: Jeder sollte dort ein guter Mensch sein, wo er es sein kann. Die einen essen weniger Fleisch, die anderen haben aber immer ein offenes Ohr für ihre Freunde. Die einen essen nur bio, die anderen erziehen ihre Kinder zu angenehmen Menschen. Es muss gar nicht jeder alles richtig machen! Überlassen wir es der persönlichen Moral jedes Einzelnen, ob er die Blue Cheese Sauce mit geraspeltem Weißkohl isst (auch gut) oder zu einem Steak.

In jedem Fall werden Mayonnaise, saure Sahne, Käse, Zitronensaft und Knoblauch zu einer glatten Sauce verrührt, salzen und pfeffern, eventuell gibt man Petersilie dazu.
Das Steak eine Stunde vor dem Braten aus dem Kühlschrank nehmen. In einer unbeschichteten Pfanne erhitzbares Öl heiß werden lassen. Steak wenden, wenn es sich vom Boden der Pfanne lösen lässt, salzen. Die Garzeit ist abhängig von der Dicke des Fleischs: 1 Minute pro Zentimeter. Zum Ende der Garzeit etwas Butter dazugeben sowie Rosmarin, Thymianzweige oder Salbei. Wenn die Butter schaumig wird, mit einem Löffel über das Fleisch geben. (Die Kräuter werden nicht mitgegessen.)
Die Kartoffeln in einer Schüssel mit Öl und Salz vermengen, auf ein mit Backpapier ausgelegtes Blech legen, 20 bis 30 Minuten bei 200 Grad backen, nach der Hälfte der Garzeit wenden.

Winter

600 g Backobst (z. B. Äpfel, Pflaumen, Aprikosen, Birnen),
100 g Rosinen, 50 ml brauner Rum, 100 ml Apfelsaft,
100 g Honig, 250 ml Milch, 250 g Dinkelmehl (Type 630),
200 g Mehl (Type 405), je eine Messerspitze gemahlene Nelke, Zimt, Muskatnuss,
Ingwer und Piment, ½ Würfel frische Hefe, 50 g brauner Zucker,
50 g weiche Butter, 1 Ei, 1 Prise Salz,
150 g Haselnusskerne, 100 g geschälte Mandeln

Früchtebrot

Das Kochbuch *Deutschland vegetarisch* versammelt einige schöne Rezepte unserer heimischen Kochkunst. Der Bibliografie hinten im Buch zufolge wurden die Gerichte in Abhandlungen zur deutschen Kulturgeschichte und historischen Kochbüchern wiederentdeckt. Wir sind überraschenderweise ein pflanzenessendes Volk, hat sich bei diesen Geschichtsstudien herausgestellt. Werden Nachforschungen auch mal ergeben, dass wir am Ende ein nettes Volk sind und die Welt sich in uns geirrt hat? Freuen wir uns erst mal, dass unsere Kultur das Früchtebrot hervorgebracht hat, das der Tradition nach, mit Butter bestrichen, im Advent gegessen wird.

Zunächst wird das Backobst in Stücke geschnitten, mit Rosinen, Rum, Apfelsaft und Honig gemischt. Zugedeckt 6 Stunden lang ziehen lassen, ab und zu umrühren. 3 EL Milch erwärmen, beide Mehlsorten in einer Schüssel mit Gewürzen mischen, eine Mulde in der Mitte formen. Hefe hineinbröckeln, 10 g Zucker dazugeben sowie die warme Milch. Die Flüssigkeit mit etwas Mehl vom Rand verrühren. So geht der Vorteig, mit einem Küchentuch bedeckt, 20 Minuten lang an einem warmen Ort. Restliche Milch, restlichen Zucker, Butter, Ei und Salz zugeben, mit Knethaken zu einem glatten Teig verarbeiten. Teilen in ein Drittel und zwei Drittel der Teigmenge, je mit einem Küchentuch bedecken und 45 Minuten lang gehen lassen. Die größere Menge Teig wird mit den Nüssen und der Rum-Backobst-Mischung verknetet und zu einem lockeren Laib geformt, die kleinere Menge auf einer bemehlten Arbeitsfläche zu einem Rechteck von ungefähr 30 x 45 cm dünn ausgerollt. Laib in den ausgerollten Teig einschlagen, Enden zudrücken. Das Brot mit den überlappenden Enden nach unten auf ein mit Backpapier ausgelegtes Blech legen. Oberfläche des Brots mit einer Gabel mehrfach einstechen. Das Brot noch mal 20 Minuten unter einem Küchentuch gehen lassen. Im auf 180 Grad vorgeheizten Ofen eine Stunde lang backen. Wird das Brot gegen Ende der Backzeit braun, deckt man es mit Alufolie ab. In Klarsichtfolie eingeschlagen, kühl, trocken und dunkel gelagert, hält das Früchtebrot bis Weihnachten.

55 g Mandeln,
100 g kalte Butter, 30 g frisch geriebener Parmesan,
1 EL gehackter frischer Thymian,
125 g Mehl (Typ 550),
etwas Salz, etwa 20 blanchierte
Mandeln zum Dekorieren
(für etwa 20 Stück)

Parmesankekse

Mütter und Töchter haben bekanntlich ein komplexes Verhältnis zueinander, dessen Funktionsweise sich oft beiden Seiten nicht erschließt. Wie wäre es, jetzt, da wieder ein Jahr zu Ende geht, es mit der Kompliziertheit einmal sein zu lassen? Machen Sie es wie Lucia und Theresa Baumgärtner: Backen Sie gemeinsam Shortbread. Die Baumgärtners haben darüber sogar ein Buch geschrieben (*Shortbread*, Thorbecke Verlag), und sie sehen auf dem Autorenfoto sehr zufrieden aus in ihren Schottenröcken.
Shortbread ist ein köstliches buttriges Gebäck, das einen vielleicht für einen Moment vergessen lässt, dass man auf die entscheidenden Fragen im Leben keine Antwort bekommt. Die Shortbread-Variante mit Thymian und Parmesan passt gut zu Champagner und anderen festlichen Aperitifgetränken.

Man röstet dafür zunächst Mandeln ohne Fett in einer Pfanne, Mandeln dann hacken. In einer Schüssel werden klein gewürfelte Butter, Parmesan, Thymian, Mehl und etwas Salz vermengt. Die Krümel, die so entstehen, fügt man zu einem Teig zusammen, der kurz geknetet wird. Teig 5 mm dick ausrollen und Kreise mit ungefähr 4 cm Durchmesser ausstechen. Die Kekse verteilt man auf einem mit Backpapier ausgelegten Blech. Eine Mandelhälfte auf jedes Keks geben, dann für 15 bis 20 Minuten bei 150 Grad backen. Bevor man die Kekse serviert, kann man sie im Ofen noch einmal kurz aufwärmen.

100 g weiße Schokolade,

500 ml fettarme Milch,

400 ml sehr starker Kaffee,

150 ml Schlagsahne,

1–2 TL Vanillezucker,

1 TL Kardamomsamen

(für ungefähr 4 Becher)

Heiße weiße Schokolade

Die grüne Sirene auf dem Starbucks-Becher hat längst das gelbe M von McDonald's als Symbol für amerikanischen Kulturimperialismus abgelöst. Aber man kann Starbucks vieles vorwerfen: verdrängt in Italien die Espressobars, in Deutschland das Kaffeekränzchen, in Frankreich den Café Crème am Morgen, und der Frappuccino ruinierte nicht nur Britney Spears die Figur. Die Idee jedoch, Süßes in Tee und Kaffee zu mischen, ist schon viel älter. Starbucks kann nichts dafür. Die Ostfriesen zum Beispiel hätten viel mehr machen können aus ihrer Teetied, der Teezeit, und aus ihrem Lieblingsgetränk Schwarztee mit viel Sahne und Kluntje. Und aus deutschen Wohnzimmervitrinen nicht wegzudenken ist der Kaffeelikör Tia Maria.

Gehen wir also vorurteilsfrei heran an dieses Rezept für eine heiße Schokolade, die sowohl Kaffee als auch Sahne, Vanille und Kardamom enthält. Es stammt von Yvette van Boven, die in einem der kühleren Länder Europas, in Irland, aufgewachsen ist, weshalb sie sich mit wärmenden Getränken auskennt. In ihrem Kochbuch *Winter* (DuMont Verlag) findet man übrigens auch ein großartiges Rezept für Glühwein, mit Anis, Lorbeer und Nelken.

Die Schokolade wird gehackt. Die Sahne schlägt man steif, zusammen mit dem Vanillezucker. Den selbst zu machen geht so: Eine ausgekratzte Vanilleschote gibt man in einen verschließbaren Behälter mit Zucker und wartet dann ungefähr eine Woche, bis der Zucker nach Vanille schmeckt (statt, wie gekaufter Vanillezucker, nach Aroma).

Die Kardamomsamen werden aus den Kapseln befreit und im Mörser zerstoßen. Jetzt erwärmt man die Milch, sie sollte aber nicht kochen. Man nimmt den Topf vom Herd und rührt die Schokolade ein. Dann wartet man 5 Minuten, bevor man noch mal umrührt. Die Schokolade sollte nun geschmolzen sein. Der heiße Kaffee wird hinzugefügt. Man verteilt die Schoko-Kaffee-Mischung auf 4 Becher und gibt darauf jeweils einen großzügigen Löffel Sahne. Zum Schluss streut man den Kardamom darüber.

Kaffee (am besten koffeinfrei),
120 g Zucker, 3 Eigelb,
500 g Mascarpone,
1 große Packung Löffelbiskuits
(geeignet sind besonders
die von Pavesini oder Savoiardi),
ungesüßtes Kakaopulver
(für 4 Personen)

Tiramisu

Valeria Napoleone, die mit uns ihr Rezept für das beste Tiramisu teilt, hat nicht nur einen gesunden Appetit. Sie besitzt auch eine der größten Sammlungen von Werken weiblicher Künstler der Gegenwart. In ihrer Wohnung in London bekocht sie Kunstleute, die bei der Gelegenheit, so heißt es, durch die mit Werken zugestellte Wohnung streifen können. Man kann sich gut vorstellen, wie Napoleone beim italienischen Menü, bestehend aus in Milch gegartem Kaninchen und Hummersalat, in schönstes Prada gekleidet, ihren Gästen geduldig auseinandersetzt, wie schade es sei, dass Frauen im Kunstmarkt immer noch unterrepräsentiert sind. Man könnte sagen, dass sie so eine Art sanften Feminismus praktiziert. Ihre Rezepte hat sie jetzt in einem Kochbuch versammelt: *Valeria Napoleone's Catalogue of Exquisite Recipes* (Walther König Verlag). Es enthält die Rezepte ihrer norditalienischen Heimat, aber keine Fotos. Stattdessen sieht man in dem aufwendig gestalteten Band Collagen von Goshka Macuga, auf denen Pin-ups in Rhabarberkompott baden, und von Nicole Eisenman Dinnerpartys in Öl.

Zunächst wird der Kaffee gekocht und in eine Schüssel gegeben. In einer anderen Schüssel werden die Eigelbe und der Zucker schaumig geschlagen, dann kommt der Mascarpone hinzu. Es wird weitergerührt, sodass alle Klümpchen sich auflösen.

In eine rechteckige große Form wird etwas von der Mascarponemischung gegeben. Die Biskuits werden nacheinander in den Kaffee getunkt, bleiben dort aber nicht lange, sonst werden sie matschig. So werden sie vorsichtig nebeneinander auf den Mascarpone gelegt. Auf die Kekse gibt man wiederum eine Schicht Mascarponemischung, und so geht es weiter, bis das Tiramisu am Ende mindestens aus drei Lagen Biskuit besteht. Den Abschluss bildet wieder eine Schicht Mascarpone, die mit Kakaopulver bestäubt wird. Dazu verwendet man am besten ein kleines Sieb. Vier Stunden sollte das Tiramisu im Kühlschrank verbracht haben, bevor es gegessen wird. Perfekt ist es, wenn es einen ganzen Tag lang gekühlt wurde.

Für den Teig:

180 g Mehl, 60 g Puderzucker,

¼ TL Salz, 9 EL Butter (kalt), 1 großes Eigelb

Für die Füllung:

250 ml Sahne, 225 g dunkle Schokolade, 4 EL Butter

(für eine Tarteform mit 23 cm Durchmesser)

Tarte Noire

Amerikaner lieben Paris so sehr, dass sie die unfreundlichen Kellner, das Verkehrschaos, den tapsigen Präsidenten und den selbstgerechten Salonkommunismus der Franzosen gar nicht wahrnehmen. Sie sehen nur Boulevards, Akkordeons, charmante Restaurants und die Patisserien. Das französische Kochbuch ist für amerikanische Autoren ein eigenes Genre. Eine Virtuosin des Fachs ist Dorie Greenspan, die zwischen Paris und New York pendelt. In New York hat sie mit ihrem Sohn einen Laden aufgemacht, in dem sie ihre leckeren Cookies verkauft. Und sie schreibt ein Blog auf der Seite doriegreenspan.com. In Paris lebt Greenspan ihre alteuropäische Seite aus und kreiert Rezepte wie dieses – für eine so simple wie elegante Schokoladentarte, eine Tarte Noire.

Für den Teig, eine *pâte sablée*, werden Mehl, Puderzucker und Salz mithilfe einer Küchenmaschine vermengt. Die Butter in Stückchen dazugeben, rühren, bis der Teig grob krümelig ist. Eigelb dazu. Rühren, bis ein bröseliger Teig entsteht. Die Klumpen verschwinden, wenn man den Teig von Hand weiterknetet. In eine Tarteform mit herausnehmbarem Boden drücken (nicht zu fest). 30 Minuten in den Tiefkühler geben. Ein gebuttertes Stück Alufolie auf den Teig legen sowie eine Handvoll Trockenerbsen oder Ähnliches, damit er nicht aufgeht. 25 Minuten lang bei 190 Grad im Ofen backen, dann die Folie und Erbsen entfernen, eventuell weitere Minuten, je nach Geschmack, fertig backen. Der Teig sollte golden, nicht braun sein. Auskühlen lassen.
Für die Schokoladenfüllung, Ganache genannt, wird die Sahne zum Kochen gebracht, die Hälfte über die fein gehackte Schokolade geben. 30 Sekunden warten, langsam umrühren. Die restliche Sahne dazu, weiterrühren. Butter in Stückchen hinzufügen, nicht mehr als nötig rühren. Auf den gebackenen Teig geben. Die Tarte 30 Minuten kühl stellen, damit die Ganache fest wird.

180 g Lachs (ohne Haut), 80 g weiche Butter,
2 Zweige Estragon (oder Dill), 1 EL Crème fraîche,
1 TL fein gehackte Schalotte,
1 Zitrone (Saft und Abrieb der Schale),
Salz, Pfeffer
(Vorspeise für 4 Personen)

Lachsrillette

An Weihnachten werden wir dafür belohnt, dass wir andere Menschen in unserer Nähe ertragen. Der Baum blinkt, der Tisch ist gedeckt, alle freuen sich. Das Leben ist doch überhaupt nicht so kompliziert, wie man manchmal denkt! Vermiesen wir uns diese Stimmung nicht mit aufwendigem Kochen. Für die Zubereitung einer kleinen Lachsrillette braucht man ungefähr 10 Minuten. Die anderen Pasteten, die in Stéphane Reynauds Buch *Terrinen & Pasteten* (Christian Verlag) zu finden sind, sehen auch ganz köstlich aus, sind aber viel zu kompliziert für Weihnachten, das Fest der Liebenden, die bekanntlich weder Perfektionismus noch Ehrgeiz brauchen.

Man brät ein Stück Lachs in der beschichteten Pfanne ohne Fett an. Das Filet sollte nicht durchgebraten, sondern in der Mitte noch roh sein. Mit 70 g Butter wird der Fisch im Mixer püriert. Es kommen hinzu: der gehackte Estragon (wer keinen findet, nimmt Dill), Crème fraîche, Schalotte, Saft und abgeriebene Schale der Zitrone je nach Geschmack, Salz und Pfeffer. Die Fischmasse in eine Terrinenform füllen. (Vielleicht nimmt man auch stattdessen mehrere kleine Förmchen.) Eine Zitronenscheibe darauflegen. Die restliche Butter im Topf schmelzen und darübergeben, sodass alles bedeckt ist. Kühl stellen, bevor man die Rillette auf getoastetem Brot isst.

Für den Tom Collins:
6 cl Gin, 2 cl Zitronensaft,
1,5 cl Zuckersirup, 6 cl Soda, 1 Zitronenspalte

Für den Old-Fashioned:
6 cl Rye Whiskey, 1 Würfel Rohrzucker,
2 Spritzer Angostura, 1 Stück Zitronenschale

Für den Dulce de Leche:
1 Stück Grapefruitschale,
2 cl Pedro Ximénez (Sherry),
4 cl Tequila, 1,5 cl Sahne,
1 Bio-Ei, etwas Zimt

Harte Drinks

Klar, wir trinken alle nur, weil es so gut schmeckt und nicht, um betrunken zu werden. Trotzdem ist fast jedes Ereignis, zum Beispiel das Weihnachtsfest, lustiger, wenn man vorher einen Cocktail zu sich genommen hat. Einer am Abend reicht, denn wir leben nicht im Manhattan der Fünfzigerjahre, wo man schon ab Mittag harte Drinks hinunterstürzte und danach noch zum Tennisspielen ging. Entweder die Leute waren damals ständig betrunken, oder wir vertragen heute nichts mehr. Interessanterweise sind Bars seit Neuestem organisiert wie die Gesellschaft der Fünfzigerjahre: Es herrschen eindeutige Verhaltensregeln, deren Einhaltung streng überwacht wird. Im Buck & Breck in Berlin ist zum Beispiel Stehen nicht erwünscht. Man soll sich hinsetzen und sein Telefon in der Tasche lassen. In der New Yorker Bar Please Don't Tell darf man sein Telefon rausholen und auch eine SMS schreiben, aber nicht telefonieren. Außerdem soll man bitte, wenn man auf dem Klo war, dort das Licht wieder ausschalten. So will es Barbesitzer Jim Meehan, dessen Buch auf Deutsch beim Gestalten Verlag erschienen ist. Es werden darin Cocktails vorgestellt, die man zu Hause nachmachen kann, wenn man Lust hat, beim Trinken das Licht im Klo anzulassen.

Einer der Cocktails heißt Dulce de Leche. Er ist köstlich, aber kalorienreich wie ein Weihnachtsmenü von Wolfram Siebeck: Einige Tropfen Öl aus der Grapefruitschale pressen. Die Zutaten bis auf den Zimt hinzugeben. Erst ohne Eis, dann mit Eis shaken, in ein Glas abseihen, mit Zimt bestreuen.

Seit dem 19. Jahrhundert sind die Stimmungsaufheller Tom Collins und Old-Fashioned bekannt. Für den Tom Collins Gin, Zitronensaft und Sirup mit Eis shaken. In ein Glas auf Eis abseihen, mit Soda auffüllen, die Zitronenspalte daraufgeben. Für den Old-Fashioned die Zutaten vermengen, mit Eis rühren, in ein Glas auf einen Eiswürfel abseihen, ein Stück Zitronenschale daraufgeben.

400 g Beaufort, 300 g Comté,
200 g Tomme de Savoie, 200 ml Weißwein,
2 Knoblauchzehen (zerdrückt),
etwas geriebene Muskatnuss, 20 ml Kirschwasser,
1 Messerspitze Backpulver
(für 3 Personen)

Käsefondue

Das Käsefondue enthält außer Käse und Schnaps nicht viel und ist deshalb für ein Silvesteressen gut geeignet: Sie als Gastgeber werden feststellen, dass die Hälfte Ihrer Gäste keine Kohlenhydrate mehr isst. *»No carbs after dark!«*, werden sie zischen, wenn Sie ihnen Ihre liebevoll selbst gebackenen Rosmarincracker zum Aperitif reichen wollen. Kohlenhydrate haben sich im Jahr 2012 so unmöglich gemacht wie BlackBerrys: Kohlenhydrate machen dick. BlackBerrys hat man nicht mehr, weil alle entscheidenden Apps darauf nicht funktionieren.

Um die letzten drei bis fünf Kilo abzunehmen, die zwischen uns und dem Lebensglück stehen, schneiden wir zunächst den Käse – viel Käse – in Scheiben. Die werden in eine Schüssel fein gerieben. Man gibt Weißwein, Knoblauchzehen sowie etwas Muskat dazu und lässt die Mischung eine Stunde marinieren. Dann wird das Ganze in einem Topf unter ständigem Rühren erhitzt, bis der Käse schmilzt. Schließlich kommt das Kirschwasser dazu. Mit Backpulver kann man für eine cremige Konsistenz sorgen, wenn das Fondue zu flüssig geworden ist. Das Rezept stammt aus den Kreuther Fonduestuben im Hotel Bachmair Weissach, einem der schönsten Gasthöfe von den schönen Gasthöfen am Tegernsee.
Bei der Käsefondue-Diät muss man nicht hungern. Statt der Beilagen Kartoffeln, Nussbrot und Baguette gibt es Schinken, Salami, Trauben, oder man isst das Fondue pur.

Für das Ossobuco:

1 EL Olivenöl, 4 Beinscheiben vom Kalb (ca. 700 g),

Salz, Pfeffer, 3 angedrückte Knoblauchzehen,

250 ml Weißwein, 2 TL Butter

Für den Risotto alla Milanese:

1 Zwiebel (gehackt), etwas Olivenöl, 200 g Risottoreis, 100 ml Weißwein, Salz, Pfeffer,

ca. 400 ml heiße Gemüsebrühe, ½ TL Safranfäden, 50 g geriebenen Parmesan, 1 EL Butter

Für die Gremolata:

1 halbes Bund glatte Petersilie (gehackt),

5 Anchovis (gehackt),

Abrieb von 1 Zitrone, etwas Zitronensaft,

1 Knoblauchzehe (gehackt)

(für 2 Personen)

Ossobuco mit Gremolata und Risotto alla Milanese

Sie haben es auch in diesem Jahr wieder nicht geschafft, Vegetarier zu werden? Hier kommt ein Trost: Italienische Kalbshaxe, in Weißwein geschmort. Dazu gibt es einen Safranrisotto, denn wahrscheinlich ist es Ihnen auch nicht gelungen, Ihren Kohlenhydratekonsum einzuschränken. Ein schönes Silvesteressen ganz ohne Gemüse! Und wenn Sie schon dabei sind: Essen Sie das fettreiche Knochenmark mit, rauchen Sie Zigaretten, trinken Sie Espresso und Whiskey. Probieren Sie die Drogen Ihrer Kinder aus. Niemand weiß, was das nächste Jahr bringt. Vielleicht sind Sie morgen schon tot. Guten Rutsch!

Die Kalbshaxe sollte man bei einem guten Metzger kaufen, das Aroma des Fleisches ist das Wichtigste an diesem Gericht. An den Rändern die Beinscheiben einschneiden, damit das Fleisch sich beim Anbraten nicht wölbt. In einem gusseisernen Topf Öl erhitzen, Fleisch von beiden Seiten anbraten, bis es Farbe annimmt. Salzen und pfeffern. Knoblauchzehen kurz mitrösten. Weißwein dazu. Hitze herunterschalten, den Topf abdecken. 90 Minuten lang köcheln lassen, dabei alle halbe Stunde das Fleisch wenden. Fleisch herausnehmen, die Sauce einkochen, Butter hinzugeben und abschmecken.
Für den Risotto Zwiebel in Olivenöl anschwitzen, Reis dazu, kurz mitdünsten. Salzen und pfeffern. Mit Wein ablöschen, verdampfen lassen. Mit heißer Brühe aufgießen, sodass der Reis gerade bedeckt ist. Verdampfen lassen, dabei ab und an rühren. Diesen Schritt wiederholen, bis der Reis gar ist. Nach 10 Minuten den Safran dazugeben (Fäden vorher in etwas heißem Wasser einweichen). Parmesan und Butter dazu. Abschmecken.
Für die Gremolata alle Zutaten vermengen und vor dem Servieren auf das Fleisch geben.

4 Scheiben Toastbrot,
2 Eier, 200 ml Milch, Mark von
½ Vanilleschote, Salz, etwas Butter, 1 Prise Zimt,
2 TL Honig, 2 EL griechischer Joghurt (10 Prozent Fett)
(für 2 Personen)

Arme Ritter (oder French Toast)

Das Rezept für Arme Ritter stand schon im ältesten deutschsprachigen Kochbuch, dem *Buoch von guoter Spise* von 1350. Da heißt es: »Man sol ein hun braten mit spec gewult und snit denne aht snitten armeritler und backe die in smaltze niht zu trüge, und schele sur epfele. snit die breit an schiben. daz die kern uz valien, backe sie ein wenic in smaltze. so mache ein groz blat von eiern, daz die pfannen alle begrife. und tu dar zu würtze. so lege die ersten schiht von epfeln. dor nach die armenritler. dor nach daz hun. das sol cleine gelidet sin. tu uf ieglich schiht ein wenig würtze. und mache ein condiment von wine und von honige und würtze.«
So einfach ist die Übersetzung vom Mittelhochdeutschen aber gar nicht. Wurden Arme Ritter damals mit gebratenem Huhn gegessen? Äpfel waren wohl im Spiel, außerdem Wein und Schmalz. Geht es eigentlich um etwas ganz anderes?

Wir machen Arme Ritter für unser Frühstück im Bett so: Wir legen Toastscheiben, die schon etwas trocken sind, in eine Mischung aus Milch, Eiern und Vanillemark. Etwas Salz kommt dazu. Brot für 10 Minuten einweichen lassen. Butter in der Pfanne erhitzen, Toastscheiben von beiden Seiten anbraten. Mit Zimt bestreuen, Honig und griechischen Joghurt darübergeben. In Amerika sagt man zu Armen Rittern *French Toast*, und der wird gern mit Ahornsirup gegessen.

400 g Haferflocken (Kleinblatt),
100 g geraspelte Kokosnuss, 200 g ganze ungeschälte Mandeln,
4 EL Sonnenblumenkerne, 3 EL Sesamsamen, 2 TL Zimt,
1 TL gemahlener Ingwer, ½ TL Salz, 150 ml Ahornsirup,
100 ml Pflanzenöl (zum Beispiel Sonnenblumen- oder Erdnussöl),
150 g Rosinen oder getrocknete Cranberrys
(für 1 großes Vorratsglas)

Granola

Das ist der Witz an Ideologien: Die meisten rafft die Geschichte dahin. Erinnert sich jemand an das BAP-Lied *Müsli-Män*? Es ging darin um einen Mann, der hennagefärbtes Haar hat, ein Damenrad aus Holland fährt und Tambourin spielt. Das war 1981.
Inzwischen ist Müsli ein weitgehend ideologiefreies Essen. Sie können sich einen Vorrat Granola-Müsli selbst zubereiten, jeden Tag davon essen, niemand wird ein gemeines Lied in Kölner Mundart über Sie singen. (Diese Art von gebackenem Müsli ist allerdings auch nicht so gesund und leicht, wie man mal dachte: Es enthält viele Kohlenhydrate und ist ziemlich süß.)

In einer Schüssel werden Haferflocken, Kokosnussraspel, Mandeln, Sonnenblumenkerne, Sesamsamen, Zimt, Ingwer und Salz vermengt. Dann Ahornsirup und Öl unterrühren. Auf einem mit Backpapier ausgelegten Blech verteilen. Der Ofen wird auf 170 Grad vorgeheizt. Das Granola backt ungefähr 45 Minuten lang. Alle 15 Minuten sollte man das Gemisch wenden, sodass das Müsli von allen Seiten gleichmäßig bräunt. Es sollte nicht zu dunkel werden. Nach dem Backen auf dem Blech abkühlen lassen – erst jetzt ist das Müsli richtig knusprig. Die Cranberrys hinzugeben, wobei Rosinen es auch tun. Das Ganze in Vorratsgläser füllen, so hält sich das Granola ungefähr einen Monat lang. Mit Joghurt und Obst schmeckt es am besten.

200 g Seeteufel (oder einen anderen weißen Fisch),
etwas Salz, Saft von 1–2 Limetten,
1 kleine rote Zwiebel (dünn geschnitten), 1 kleine Chilischote,
ein 1 cm großes Stück Ingwer (fein gehackt), Pfeffer,
½ Gurke (geschält, fein gewürfelt),
Saft von ½ Orange, Blättchen von 4 Zweigen Koriander
(für 2 Personen)

Ceviche

Die Adventszeit war im frühen Christentum eine Zeit der stillen Gebete und des Fastens. Das haben wir heute erfolgreich verdrängt. Dafür kommt im Januar das Bußetun, das allerdings mit dem eigenen Hüftumfang zu tun hat, nicht mit dem Gottessohn Jesus Christus. Hier ein Gericht, das sich gut in den kargen Speiseplan der ersten Januarwochen einfügt: Ceviche, in Limettensaft marinierter Fisch, gewürzt mit Chili und Koriander, ein Gericht, das in vielen Varianten in Lateinamerika verbreitet ist.
Der Fisch wird dafür nicht gekocht, sondern, in Würfel geschnitten, roh mariniert. Das Eiweiß im Fisch reagiert mit der Säure, und wie beim Kochen wird der Fisch weiß. Über die Größe der Würfel streiten die Peruaner mit den Chilenen, wir können es machen, wie wir wollen:

1 Zentimeter große Würfel bieten sich an, kleinere, größere und sogar Scheiben sind auch in Ordnung. Den Fisch salzen. Danach in einer Schüssel den Limettensaft darübergeben, Zwiebel, Chili, Ingwer, Pfeffer und Gurke hinzufügen. Der Fisch bleibt so lange in der Marinade, bis er die Konsistenz hat, die einem gefällt: 10 Minuten, 1 Stunde, 2 Stunden. Wenn das Ceviche zu sauer geworden ist, schmeckt man mit etwas Orange ab. Kurz vor dem Servieren die Korianderblätter dazugeben. Es heißt, die Peruaner essen dazu eine Art Popcorn. Für uns Mitteleuropäer kommen als Beilage wahrscheinlich eher gedämpfte Süßkartoffeln infrage.

3 Lauchstangen, 3 EL Olivenöl,

1½ EL Essig,

1 EL gehackte Kapern, etwas scharfer Senf,

Salz, Pfeffer, gehackte Petersilie

(für 2 Personen)

Lauch mit Kapernvinaigrette

Vorurteile gegenüber Länderküchen gelten im Gegensatz zu richtigen Vorurteilen als vollkommen harmlos. Die Chinesen essen grundsätzlich seltsame Dinge wie Hunde und Schlangenherzen, die Türken essen praktisch nur Knoblauch und Zwiebeln – so ein paar Verallgemeinerungen haben noch niemandem geschadet. Die französische Küche hat den Ruf, teuer und etwas albern zu sein, denn Frankreich, das ist Marie Antoinette und Carla Bruni-Sarkozy. Ein frivoles Volk also. Aber überraschenderweise essen sie, wie man in dem winzigen Restaurant Le Bon Saint-Pourçain hinter der Kirche Saint-Sulpice in Paris erfährt, auch einfach mal gekochten Lauch mit Salatsauce. Das ist ein Klassiker, *poireaux vinaigrette* genannt, zu dem man Brot isst und der sich als Vorspeise gut eignet – Anfang Januar, wenn alle satt sind, auch als frische grüne Hauptspeise.

Die Lauchstangen werden in 2 bis 3 Stücke geschnitten, die dann ungefähr 8 cm lang sind. Sie werden am besten gedämpft, und zwar in einem Dämpfeinsatz. Wer keinen hat, kocht den Lauch 10 bis 15 Minuten lang in Wasser. Er sollte dann weich, aber nicht verkocht sein. Für die Vinaigrette werden Öl, Essig, Kapern und Senf verrührt, mit Salz und Pfeffer abschmecken. Das Dressing gibt man über den Lauch, wenn der noch warm ist. Am besten wird das Ganze auch lauwarm gegessen – eine Möglichkeit zwischen heiß und kalt, die in der deutschen Küche nur selten bedacht wird. Vor dem Servieren hat man noch etwas gehackte Petersilie über den Lauch gegeben.

1 Butternusskürbis, 250 g Tomaten
(kleine Kirschtomaten oder eine mittelgroße Sorte),
ein paar Thymianzweige, 100 g Quinoa, 120 g Feldsalat,
100 g junger Ziegenkäse
Für das Dressing:
3 EL Olivenöl, 1 EL Weißweinessig,
etwas Zitronensaft, Salz, Pfeffer
(für 2 Personen)

Feldsalat mit Quinoa

Dieses Rezept ist zwar ohne Fleisch, dennoch sehr eiweißhaltig. Denn es enthält neben Feldsalat, dem wenigen verfügbaren Grün der kalten Jahreszeit, auch Quinoa. Das ist ein Gewächs aus Südamerika – streng genommen ein Gemüse, welches aber von Menschen mit Furcht vor Eiweißmangel, sprich Vegetariern, wie ein Getreide gegessen wird und auch so ähnlich aussieht, nämlich weizenfarben und körnig. Quinoa schmeckt, wie es im Reformhaus riecht, nussig und ein bisschen staubig. Manche lieben es, manche hassen es.

Der Butternusskürbis wird geschält, in 1 bis 2 cm große Würfel geschnitten und auf einem mit Backpapier ausgelegten Backblech verteilt. So kommt er bei 180 Grad in den Ofen, wo er ungefähr 30 Minuten bleibt. (Man sollte ihn dabei beobachten, denn die Garzeit variiert je nach Backofen.) Auf ein anderes Blech legt man – ebenfalls auf ein Backpapier – die Tomaten mit der Hautseite nach unten. Die Kirschtomaten wurden zuvor halbiert, größere Sorten geviertelt. Wer gerade frischen Thymian zur Hand hat, streut etwas darüber. Salzen. Das Blech kommt zum Kürbis in den Ofen und bleibt dort etwa genauso lange. Wem es zu aufwendig ist, Tomaten im Ofen zu backen, nimmt halb getrocknete Tomaten aus dem Glas. (Getrocknete Tomaten sind *last season,* Tomaten sind jetzt nur noch halb getrocknet.) Die Quinoasamen werden kurz unter fließendem Wasser abgespült. Dann köcheln sie in gut 200 ml leicht gesalzenem Wasser ungefähr 25 Minuten lang. Man lässt sie gut abtropfen und auskühlen.
In der Zwischenzeit hat man den Feldsalat geputzt. Für das Dressing verrührt man Öl, Essig und Zitronensaft und schmeckt mit etwas Salz und Pfeffer ab.
Den abgekühlten Kürbis, die abgekühlten Tomaten, Quinoa und Feldsalat gibt man in eine große Salatschüssel. Das Dressing hinzufügen. Dann wird alles vorsichtig vermengt. Schließlich bröselt man den Ziegenkäse darüber.

1 EL Olivenöl, 1 Zwiebel (gehackt),
1 Knoblauchzehe (gehackt), 1 walnussgroßes Stück Ingwer (gehackt),
Pul Biber nach Geschmack (oder eine kleine Chilischote, gehackt),
1 Lorbeerblatt, Piment, 1 Zimtstange, 250 g rote Linsen,
1 l heiße Gemüsebrühe, Salz, Pfeffer, Saft von ½ Zitrone,
3 EL Joghurt (türkischer oder griechischer Art, mit 10 % Fett),
grob gehackte Minze, Koriander, Petersilie
(für 3 Personen)

Linsensuppe

Das türkische Gewürz Pul Biber heißt in der Fack-ju-Göhte-Sprache einfach »mitscharf«: Es ist das rote Pulver – eine Mischung aus getrockneten zerstoßenen Chilischoten und Salz –, das man auf seinen Döner bekommt. Ein Döner ist etwas Wundervolles, aber Pul Biber macht sich auch in anderen Gerichten sehr gut, zum Beispiel in einer Linsensuppe.

Dafür wird in Olivenöl eine Zwiebel mit Knoblauch, Ingwer und verschiedenen Gewürzen angeschwitzt – nämlich mit nicht zu wenig Pul Biber, Lorbeer, Piment und einer Zimtstange. Nach ein paar Minuten die Linsen dazugeben (die zuvor nicht eingeweicht werden müssen) und die heiße Gemüsebrühe dazugießen. Die Linsen sind nach ungefähr 20 Minuten Kochzeit gar. Sie sind dann nicht mehr rot, sondern gelb, und sie bleiben im Gegensatz zu schwarzen Beluga-Linsen und grünen Du-Puy-Linsen nicht bissfest, sondern werden weich. So hat die Suppe am Ende der Garzeit eine Konsistenz wie ein Eintopf und wird nicht püriert. Zum Schluss entfernt man die Zimtstange. Mit Salz und Pfeffer und Zitronensaft abschmecken. Vor dem Servieren etwas Joghurt auf die Suppe geben und die grob gehackten Kräuter. Die dienen nicht der Dekoration, wie das in der deutschen Küche die krause Petersilie tut, sondern sind Bestandteil des Gerichts.

Für die Gemüsebrühe:
gewaschene Schalen von verschiedenen Gemüsen, Salz, Pfeffer, Lorbeerblätter, Piment, eventuell Knoblauch, Ingwer, eine Zitronenscheibe, Kurkuma

Für die Pastinakensuppe:
500 g Pastinaken, 2 kleine Zwiebeln, etwas Butter, 1 ½ l Gemüsebrühe, 2 Messerspitzen Muskatblüte, schwarzer Pfeffer, 1 EL Zitronensaft, 3 EL Pekannüsse, 1 TL Olivenöl, ½ Espressolöffel Cayennepfeffer, ½ Bund frische Petersilie (für 4 Personen)

Pastinakensuppe

Den Job hinschmeißen und einen Laden mit selbst gekochten Suppen in München aufmachen, das klingt wie der Plot eines Frauenromans. Dann ist der Schreiner, der den Laden mit Naturholzmöbeln einrichtet, gutaussehend und Besitzer eines Hundes. Sonja Riker hat aber tatsächlich ihren Beruf als Journalistin aufgegeben und betreibt jetzt ihren Suppenladen Susa in Schwabing. Unwahrscheinlicherweise helfen ihr in der Küche ihre Tochter, ihre Eltern und ihre Schwiegermutter. Es ist ein Buch mit Sonja Rikers Rezepten erschienen (im Kunstmann Verlag). Die Suppen sind hausgemacht, auch die Brühen, die die Grundlage bilden. Sonja Riker erläutert nicht nur gern ihr Rezept für eine Pastinakensuppe mit Muskatblüte, sondern auch, wie man eine Gemüsebrühe zubereitet, ein einfaches, köstliches Essen, dem viele Kochende aber so wenig Beachtung schenken wie Literaturkritiker dem Frauenroman.

Eine Brühe kocht man aus Gemüseschalen. Fast alle Gemüsesorten sind dazu geeignet: Karotten, Zwiebeln, Pastinaken, Petersilienwurzeln, Sellerie. Sie werden in einem Topf mit Wasser bedeckt. Es werden außerdem Salz, Pfeffer, Lorbeer und Piment dazugegeben. Wer will, fügt noch Knoblauch, Ingwer, eine Zitronenscheibe, ein wenig Kurkuma hinzu. Das Ganze ungefähr eine halbe Stunde auskochen, dann abschmecken und abgießen. Die Brühe ist am Ende eher braun und trübe. Man sollte sich davon nicht verunsichern lassen, sagt Riker, echte Frauen sähen auch anders aus als Models auf bearbeiteten Fotos.
Pastinaken putzen oder schälen, in dicke Scheiben schneiden. Zwiebeln grob würfeln, in Butter andünsten. Pastinaken dazugeben, mit Brühe aufgießen, weich kochen, dann pürieren. Mit Zitronensaft abschmecken, mit Muskatblüte und Pfeffer würzen. Die Pekannüsse in einer beschichteten Pfanne mit Olivenöl und Cayennepfeffer rösten. Die Suppe auf Tellern anrichten, die Nüsse darübergeben und mit gehackter Petersilie bestreuen.

2 Karotten, 2 Stangen Sellerie,
2 Zwiebeln, 1 Lorbeerblatt,
3 Pimentkörner, Salz und Pfeffer,
1 Dose Kichererbsen, 2 Knoblauchzehen,
etwas Olivenöl, etwas Chilipulver,
2 Thymianzweige, 300 g Spinat (tiefgekühlt),
150 g geschälte Tomaten, Parmesan,
Weißbrot, evtl. eine weitere Knoblauchzehe
(für 3 Personen)

Kichererbsensuppe

Es gibt eine brasilianische Millionenerbin, die in ihren wohlüberlegt zusammengestellten 10 000-Euro-Outfits wie ein Berliner Scheibenwischerpunk aussieht. So funktioniert auch diese Kichererbsensuppe: Es ist ein einfaches Gericht aus Italien. Am Ende sieht es aus wie ein Bauerngericht, dabei ist die Zubereitung kompliziert.

Zunächst werden die Karotten in kleine Stücke geschnitten und die Selleriestangen in Scheiben. Die Zwiebeln fein hacken. Alles in einem Topf mit Wasser bedecken, die Pimentkörner und das Lorbeerblatt dazugeben, salzen und pfeffern und das Ganze zum Kochen bringen. Vor Ende der Garzeit (15 Minuten) kommen die abgetropften Kichererbsen dazu. Pimentkörner und Lorbeerblatt entfernen. Zwei oder drei Kellen der Suppe in einer Schüssel pürieren, das Püree kommt zurück in den Topf. Falls die Suppe zu dick ist, mit Wasser verdünnen.
Den Knoblauch in feine Scheiben schneiden und in einer Pfanne in Olivenöl mit einer Prise Chilipulver und den Thymianzweigen andünsten. Hat der Knoblauch etwas Farbe angenommen, gibt man den Spinat dazu (Mangoldblätter eignen sich auch). Salzen und pfeffern, weiterköcheln lassen. Die geschälten Tomaten dazugeben und einige Minuten mitdünsten. Man entfernt die Thymianzweige und gibt die Spinat-Tomaten-Mischung zur Suppe in den Topf. Noch ein paar Minuten köcheln lassen. Die Suppe wird mit geriebenem Parmesan und einigen Tropfen Olivenöl serviert. Dazu kommt eine Scheibe Weißbrot, die man mit einer Knoblauchzehe eingerieben und kurz im Ofen getoastet hat.

2 Knoblauchzehen, 150 g Chorizo,
1 EL Olivenöl, 1 kleine Zwiebel,
1 halber Wirsingkopf, 100 ml Weißwein,
100 g geschälte und gekochte Maronen,
Saft von ½ Zitrone,
Salz, Pfeffer
(für 2 Personen)

Wirsing mit Chorizo und Maronen

Dieser bestimmte Kohlgeruch, der im Treppenhaus hängt, wenn der Eintopf fertig ist, erinnert einige an ihre Kindheit mit Couchgarnitur und einem mürrischen Vater, der immer das größte Stück vom Braten bekam. Aber überraschenderweise ist der Wirsing ein Mittelmeergemüse. Er kommt ursprünglich aus Italien. Deshalb heißt er in manchen romanischen Sprachen sinngemäß »Milaneser Kohl«. Nur im Deutschen trägt er diesen schwierigen Namen. Einige Sorten heißen sogar, noch unschöner, »Dauerwirsing«. Das sind die, die praktisch ständig erntereif sind.

Geben wir dem Wirsing seinen mediterranen Charme zurück, indem wir ihn mit Knoblauch, scharfer spanischer Paprikawurst und Maronen zubereiten. Dazu werden die Knoblauchzehen fein gehackt, und die Chorizo wird in 1 cm große Würfel geschnitten. Beides dünstet man in einer Pfanne mit Olivenöl an. Nimmt der Knoblauch Farbe an, kommt die fein gehackte Zwiebel dazu und dünstet etwa 5 Minuten lang mit.
Der Wirsing wird in Streifen geschnitten, nachdem man den Strunk entfernt hat. Man gibt die Wirsingstreifen in die Pfanne und löscht mit Wein ab. Zugedeckt dünstet das Ganze bei mittlerer Hitze 10 bis 15 Minuten lang, bis der Kohl weich ist. Kurz vor dem Ende der Garzeit gibt man die eventuell halbierten Maronen dazu. Schließlich wird mit Zitronensaft, Salz und Pfeffer abgeschmeckt.

250 g Rote Bete, 1 EL Olivenöl,
2 Schalotten,
125 g Risottoreis,
125 ml Weißwein,
600 ml Gemüsefond, Salz, schwarzer Pfeffer,
20 g Butter, 30 g geriebener Parmesan,
1 Knoblauchzehe,
2 geräucherte Forellenfilets
(für 2 Personen)

Rote-Bete-Risotto mit geräucherter Forelle

Kochrezepte sollen eigentlich vergnüglich sein, das hält scharfzüngige Leser aber nicht davon ab, auch Rezepte einer gründlichen Ideologiekritik zu unterziehen. Schlagen wir ein Rezept vor, für das Eier gebraucht werden, kann es sein, dass wir einen Leserbrief mit einem Foto von sterbenden Küken bekommen. Werden Muscheln gekocht, bekommt man eine Mail, in der eindringlich die Qual der Muschel beim Sieden im heißen Wasser beschrieben wird. Man könnte meinen, mit den Roten Beten, die hier für einen Risotto verarbeitet werden sollen, auf der sicheren Seite zu sein. Aber: Die Roten Bete müssen 90 Minuten oder länger in Wasser köcheln, bis sie gar sind. Für den CO_2-Fußabdruck nicht gut. Bevor Sie meinen, wir seien schon paranoid: Als wir mal Tomaten langsam im Ofen trockneten, schrieb eine Leserin, wir beförderten die Energieverschwendung, denn Tomaten schmeckten schließlich auch roh.

Für das Garen der Roten Beten empfehlen wir also ausdrücklich die Verwendung eines Schnellkochtopfs. Dann sind sie nach ungefähr 20 Minuten gar. Sie werden geschält und in Würfel geschnitten. In einem Topf das Öl erhitzen, Schalotten darin glasig dünsten. Den Reis dazugeben, 1 bis 2 Minuten mitdünsten. Dann kommen die Rote-Bete-Würfel dazu. Mit Weißwein wird abgelöscht, die Flüssigkeit lässt man einkochen. Mit etwas Gemüsefond wird aufgegossen, alles köchelt weiter. Immer wieder gießt man Fond dazu und rührt öfter um. Eventuell salzen. Wenn der Reis gar ist – die Garzeit variiert je nach Reissorte zwischen 20 und 30 Minuten –, schmeckt man mit Pfeffer ab, hebt Butter und Parmesan unter. Manche mögen es, eine gepresste Knoblauchzehe unterzurühren. Dazu gibt es für jeden ein Forellenfilet.

750 g Kartoffeln, etwas Butter,
etwas Milch, Salz, Pfeffer, Muskat,
350 ml Milch, 1 Lorbeerblatt,
150 g Räucherfisch (Makrele, Forelle o. Ä.),
250 g frischer Kabeljau,
200 g Garnelen (roh, geschält),
2 hart gekochte Eier, 2 Lauchstangen,
1–2 EL Mehl, 2 TL Senf, Abrieb von 1 Zitrone
(für 4 Personen)

Englischer Fish Pie

Die englische Küche bestätigt alle Vorurteile, die man über sie hat. Herrlich, wenn alles so ist, wie man sich das auch schon gedacht hat! Der traditionelle englische Fish Pie ist ein köstliches, aber unelegantes – man könnte sagen: ein undiszipliniertes Gericht. Alles wird durcheinander in eine Schüssel geworfen, dann kommt eine dicke weiße Sauce darüber, und dann wird das Ganze mit Kartoffelbrei überbacken.

Man beginnt damit, dass man die Kartoffeln schält und in Salzwasser gar kocht. Sie werden mit Butter, Milch und etwas Kochwasser zerdrückt. Kartoffelstampf mit Salz, Pfeffer und Muskat abschmecken.

Während die Kartoffeln kochen, in einem Topf 350 ml Milch erhitzen, das Lorbeerblatt dazugeben. Den Räucherfisch und den Kabeljau in der Milch 5 Minuten lang pochieren. Aus der Flüssigkeit nehmen, beiseitestellen. Die Milch abseihen und beiseitestellen. Wenn der Fisch etwas abgekühlt ist, mit den Fingern in Stücke zerteilen und zusammen mit den Garnelen in eine feuerfeste Form geben. Die hart gekochten Eier pellen, vierteln und in die Form geben.

Etwas Butter in einer Pfanne zergehen lassen, den in Ringe geschnittenen Lauch hinzufügen, 5 bis 7 Minuten dünsten, bis er gar ist. Mehl darüberstreuen und andicken lassen. Die Milch, in der der Fisch pochiert wurde, nach und nach dazugießen, dabei gut rühren. Wenn die Sauce eine cremige Konsistenz hat, die Pfanne vom Herd nehmen, Senf und Zitronenschale unterrühren, salzen.

Die Sauce auf Fisch und Eiern in der Auflaufform verteilen, den Kartoffelstampf darübergeben. In dem auf 200 Grad vorgeheizten Backofen ungefähr 35 Minuten lang backen.

Register

Äpfel
Apfeltarte mit Karamell 129

Aprikosen
Aprikosentörtchen 99
Gebackene Aprikosen 101

Artischocken
Gefüllte Artischocken 93

Aubergine
Caponata 109
Pasta alla Norma 111

Avocado
Grüner Smoothie 47
Misosuppe mit Wildkräutern 23
Salat mit Hummer und Flusskrebsen 55

Bärlauch
Bärlauchbutter 29
Bärlauchomelett 31

Birne
Cake mit Roquefort, Birnen und Nüssen 127
Feuilleté mit Birnen und Ziegenkäse 125

Blumenkohl
Gerösteter Blumenkohl mit Haselnüssen 49

Chicorée
Gebackener Chicorée mit Parmaschinken 15

Chutney
Chutney von gerösteten Zitronen 119
Rhabarberchutney 37
Tomatenchutney 113

Curry
Curry mit Kartoffeln, Bohnen und Kokos 83
Fischcurry mit Kürbis 145

Dessert
Erdbeeren mit Haselnussbaiser 71
Gebackene Aprikosen 101
Grünteeparfait 89
Himbeer-Schokoladen-Clafoutis 87
Rhabarber mit Orange 35
Schokoladeneis 105
Tiramisu 167

Drinks
Grüner Smoothie 47

Harte Drinks 173
Melonendrink 103

Erbsen
Gebratener Reis mit Shrimps und frischen Erbsen 75
Kalbsragout 79
Salat aus Erbsen und Dicken Bohnen 77

Erdbeeren
Erdbeeren und Burrata 73
Erdbeeren mit Haselnussbaiser 71

Feigen
Salat mit Feigen, Feta und Granatapfelsirup 139
Salat mit Feigen und Hühnerleber 141
Türkischer Eintopf mit Lamm, Feigen und Zwiebeln 137

Fenchel
Lammkotelett mit gebackenem Fenchel 97

Fisch
Ceviche 183
Englischer Fish Pie 199
Fischcurry mit Kürbis 145
Forelle mit Spitzkohl und eingelegtem Gemüse 21
Lachsrillette 171
Rote-Bete-Risotto mit geräucherter Forelle 197
Salade Niçoise 81

Frühstück
Arme Ritter (oder French Toast) 179
Granola 181
Hirsebrei 133

Gebäck, salzig
Cake mit Roquefort, Birnen und Nüssen 127
Feuilleté mit Birnen und Ziegenkäse 125
Italienischer Osterkuchen 45
Karottenkuchen ohne Buttercreme 59
Parmesankekse 163
Zwiebelkuchen 135

Gebäck, süß
Apfeltarte mit Karamell 129
Aprikosentörtchen 99
Früchtebrot 161
Himbeer-Schokoladen-Clafoutis 87
Pflaumenkuchen 123
Tarte Noire 169

Grüntee
Grünteeparfait 89

Himbeeren
Grünteeparfait 89
Himbeer-Schokoladen-Clafoutis 87

Hirse
Hirsebrei 133

Hühnerleber
Salat mit Feigen und Hühnerleber 141
Spinatsalat mit gebratener Hühnerleber 43

Huhn
Coq au vin 155
Hühnchen mit Kichererbsen 153
Marokkanischer Hühncheneintopf 151
Salat aus Huhn und Reis 107
Salat mit Feigen und Hühnerleber 141
Spinatsalat mit gebratener Hühnerleber 43

Hummer
Salat mit Hummer und Flusskrebsen 55

Käse
Cake mit Roquefort, Birnen und Nüssen 127
Erdbeeren und Burrata 73
Käsefondue 175
Mairübchen-Salat mit Mozzarella 61
Parmesankekse 163

Kalb
Kalbsragout 79
Ossobuco mit Gremolata und Risotto alla Milanese 177

Karotten
Karottenkuchen ohne Buttercreme 59

Kartoffeln
Curry mit Kartoffeln, Bohnen und Kokos 83
Kartoffellatkes 85
Salade Niçoise 81

Kichererbsen
Hühnchen mit Kichererbsen 153
Kichererbsensuppe 193
Marokkanischer Hühncheneintopf 151

Kürbis
Fischcurry mit Kürbis 145
Rotweinrisotto mit Radicchio, Kürbis und Ziegenkäse 143

Lamm
Lammkotelett mit gebackenem Fenchel 97
Lammschulter mit Romesco-Sauce und gebratenen Frühlingszwiebeln 39
Türkischer Eintopf mit Lamm, Feigen und Zwiebeln 137

Lauch
Lauch mit Kapernvinaigrette 185

Linsen
Linsensuppe 189

Mairübchen
Mairübchen-Salat mit Mozzarella 61

Mangold
Mangoldrisotto 57

Melone
Melonendrink 103

Muscheln
Moules marinières 131

Paprika
Shakshuka 95

Pasta
Pasta alla Norma 111
Rehragout 63

Pastinaken
Pastinakensuppe 191

Pflaumen
Pflaumenkuchen 123

Pilze
Graupenrisotto mit Pilzen 147

Quinoa
Feldsalat mit Quinoa 187

Radicchio
Gegrillter Radicchio 53
Rotweinrisotto mit Radicchio, Kürbis und Ziegenkäse 143

Reh
Rehragout 63

Rhabarber
Rhabarberchutney 37
Rhabarber mit Orange 35

Rind
Markknochen mit Schnittlauch 25
Steak mit Blue Cheese Sauce 157
Tagliata 91

Risotto
Graupenrisotto mit Pilzen 147
Mangoldrisotto 57
Ossobuco mit Gremolata und Risotto alla Milanese 177
Rote-Bete-Risotto mit geräucherter Forelle 197
Rotweinrisotto mit Radicchio, Kürbis und Ziegenkäse 143

Rosenkohl
Gebackener Rosenkohl mit Pecorino 149

Rote Bete
Rote-Bete-Risotto mit geräucherter Forelle 197

Salat
Caesar Salad 51
Chinesischer Gurkensalat 67
Einfacher Selleriesalat 19
Feldsalat mit Quinoa 187
Löwenzahnsalat mit Speck und pochierten Eiern 33
Salade Niçoise 81
Salat aus Erbsen und Dicken Bohnen 77
Salat mit Feigen, Feta und Granatapfelsirup 139
Salat mit Feigen und Hühnerleber 141
Salat aus Huhn und Reis 107
Salat mit Hummer und Flusskrebsen 55
Spargelsalat 65
Spinatsalat mit gebratener Hühnerleber 43
Süßsaurer Sellerie und Steckrübe 17
Taboulé 27
Tagliata 91

Thai-Salat mit Hackfleisch, Chili und Minze 117

Schmorgerichte
Coq au vin 155
Hühnchen mit Kichererbsen 153
Kalbsragout 79
Marokkanischer Hühncheneintopf 151
Ossobuco mit Gremolata und Risotto alla Milanese 177
Rehragout 63
Türkischer Eintopf mit Lamm, Feigen und Zwiebeln 137

Schokolade
Heiße weiße Schokolade 165
Himbeer-Schokoladen-Clafoutis 87
Schokoladeneis 105
Tarte Noire 169

Sellerie
Einfacher Selleriesalat 19
Süßsaurer Sellerie und Steckrübe 17

Spargel
Spargelsalat 65

Spinat
Blätterteigrollen mit Spinatfüllung 41
Grüner Smoothie 47
Italienischer Osterkuchen 45
Kichererbsensuppe 193
Spinatsalat mit gebratener Hühnerleber 43

Spitzkohl
Forelle mit Spitzkohl und eingelegtem Gemüse 21

Suppe
Kichererbsensuppe 193
Linsensuppe 189
Misosuppe mit Wildkräutern 23
Pastinakensuppe 191
Tomaten-Brot-Suppe 115

Tomaten
Tomatenchutney 113
Tomaten-Brot-Suppe 115

Wirsing
Wirsing mit Chorizo und Maronen 195

Zitronen
Chutney von gerösteten Zitronen 119

Fotonachweis

Silvio Knesevic: S. 14, 16, 18, 24, 40, 42, 44, 54, 56, 76, 80, 84, 88, 110, 122, 152, 180, 188, 190

Dirk Lindner: S. 64

Jason Lowe: S. 20, 22, 26, 28, 30, 32, 34, 36, 38, 46, 48, 50, 52, 58, 60, 62, 66, 70, 72, 74, 78, 82, 86, 90, 92, 94, 96, 98, 100, 102, 104, 106, 108, 112, 114, 116, 118, 124, 126, 128, 130, 132, 134, 136, 138, 140, 142, 144, 146, 148, 150, 154, 156, 160, 162, 164, 166, 168, 170, 172, 174, 176, 178, 182, 184, 186, 192, 194, 196, 198

Andreas Lux: S. 2, 8, 207

Zur Autorin

Elisabeth Raether, Jahrgang 1979, studierte in Berlin und Paris, arbeitete in einem Buchverlag und war 2008 Koautorin des Sachbuchs *Neue deutsche Mädchen*. Seit 2010 schreibt sie für das *Zeit-Magazin*, wo seit 2011 ihre Rezeptkolumne »Wochenmarkt« erscheint.